北京大学经济学教材系列 | 金融学系列

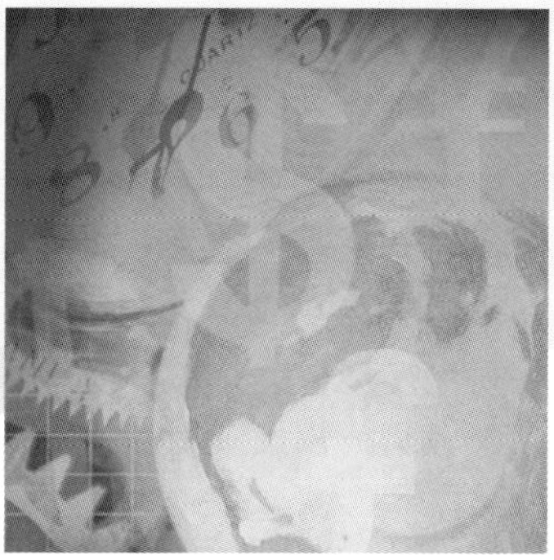

Topics in New Monetarist Theory

货币搜寻理论十四讲

韩晗 著

北京大学出版社
PEKING UNIVERSITY PRESS

图书在版编目(CIP)数据

货币搜寻理论十四讲/韩晗著. —北京：北京大学出版社，2019.9
北京大学经济学教材系列
ISBN 978-7-301-30785-4

Ⅰ. ①货… Ⅱ. ①韩… Ⅲ. ①货币理论—高等学校—教材 Ⅳ. ①F820

中国版本图书馆 CIP 数据核字(2019)第 203968 号

书　　名 货币搜寻理论十四讲
HUOBI SOUXUN LILUN SHISIJIANG
著作责任者 韩　晗　著
责 任 编 辑 兰　慧
标 准 书 号 ISBN 978-7-301-30785-4
出 版 发 行 北京大学出版社
地　　址 北京市海淀区成府路 205 号　100871
网　　址 http://www.pup.cn
微信公众号 北京大学经管书苑（pupembook）
电 子 信 箱 em@pup.cn　　QQ:552063295
新 浪 微 博 @北京大学出版社　@北京大学出版社经管图书
电　　话 邮购部 010-62752015　发行部 010-62750672　编辑部 010-62752926
印 刷 者 北京大学印刷厂
经 销 者 新华书店
787 毫米×1092 毫米　16 开本　6.75 印张　114 千字
2019 年 9 月第 1 版　2019 年 9 月第 1 次印刷
印　　数 0001—3000 册
定　　价 25.00 元

编委会名单

丛书主编：孙祁祥

编　　委：（按汉语拼音排序）

董志勇　何小锋　林双林

平新乔　宋　敏　王跃生

叶静怡　章　政　郑　伟

总　序

在经济全球化趋势不断强化和技术进步对经济活动的影响不断深化的时代，各种经济活动、相关关系和经济现象不是趋于简单化，而是变得越来越复杂，越来越具有嬗变性和多样性。如何对更纷繁、更复杂、更多彩的经济现象在理论上进行更透彻的理解和把握，科学地解释、有效地解决经济活动过程中已经存在的、即将面对的一系列问题，是现在和未来的各类经济工作者需要高度关注的重要课题。

北京大学经济学院作为国家教育部确定的"国家经济学基础人才培养基地"和"全国人才培养模式创新实验区"，一直致力于不断地全面提升教学和科研水平，不断吸引和培养世界一流的入学学生及毕业生，不断地推出具有重大学术价值的科研成果，以创建世界一流的经济学院。而创建世界一流经济学院，一个必要条件就是培养世界一流的经济学人才。我们的目标是让学生能够得到系统的、科学的、严格的专业训练，系统而深入地掌握经济学学习和研究的基本方法、基本原理和最新动态，为他们能够科学地解释和有效地解决他们即将面对的现实经济问题奠定基础。

基于这种认识，北京大学经济学院在近年来深入总结了人才培养各个方面的经验教训，在全面考察和深入研究国内外著名经济院系本科生、硕士研究生、博士研究生的培养方案以及学科建设和课程设置经验的基础上，对本院学生的培养方案和课程设置等进行了全方位改革，并组织编撰了"北京大学经济学教材系列"。

编撰该系列教材的基本宗旨是：

第一，学科发展的国际经验与中国实际的有机结合。在教学的实践中我们深刻地认识到，任何一本国际顶尖的教材，都存在一个与中国经济实践有机结合的问题。某些基本原理和方法可能具有国际普适性，但对原理和方法的把握则必须与本土的经济活动相联系，必须把抽象的原理与本土鲜活的、丰富多彩的经济现象相联系。我们力争在该系列教材中，充分吸收国际范围内同类教材所承载的理论体系和方法论体系，在此基础上，切实运用中国案例进行解读和理解，使其成为能够解释和解决学生遇到的经济现象和经济问题的知识。

第二,"成熟的"理论、方法与最新研究成果的有机结合。教科书的内容必须是"成熟"或"相对成熟"的理论和方法,即具有一定"公认度"的理论和方法,不能是"一家之言",否则就不是教材,而是"专著"。从一定意义上说,教材是"成熟"或"相对成熟"的理论和方法的"汇编",所以,相对"滞后"于经济发展实际和理论研究的现状是教材的一个特点。然而,经济活动过程及其相关现象是不断变化着的,经济理论的研究也在时刻发生着变化,我们不仅仅要告诉学生那些已经成熟的东西,而且要培养学生把握学术发展最新动态的能力。因此,在系统介绍已有的理论体系和方法论基础的同时,本系列教材还向学生介绍了相关理论及其方法的创新点。

第三,"国际规范"与"中国特点"在写作范式上的有机结合。经济学在中国发展的"规范化"、"国际化"、"现代化"与"本土化"关系的处理,是多年来学术界讨论学科发展的一个焦点问题。本系列教材不可能对这一问题做出确定性的回答,但是在写作范式上,却争取做好这种结合。基本理论和方法的阐述坚持"规范化"、"国际化"、"现代化",而语言的表述则坚守"本土化",以适应本土师生的阅读习惯和文本解读方式。

本系列教材的作者均是我院主讲同门课程的教师,各教材也是他们在多年教案的基础上修订而成的。自 2004 年本系列教材推出以来至本次全面改版之前,共出版教材 18 本,其中有 6 本教材入选国家级规划教材("九五"至"十二五"),4 本获选北京市精品教材及立项,多部教材成为该领域的经典,形成了良好的教学与学术影响,成为本科教材的品牌系列。

在北京大学经济学院成立 100 周年之际,为了更好地适应新时期的教学需要以及教材发展要求,我们特对本系列教材进行全面改版,并吸收近年来的优秀教材进入系列,以飨读者。当然,我们也深刻地认识到,教材建设是一个长期的动态过程,已出版教材总是会存在不够成熟的地方,总是会存在这样那样的缺陷。本系列教材出版以来,已有三分之一的教材至少改版一次。我们也真诚地期待能继续听到专家和读者的意见,以期使其不断地得到充实和完善。

十分感谢北京大学出版社的真诚合作和相关人员付出的艰辛劳动。感谢经济学院历届的学生们,你们为经济学院的教学工作做出了特有的贡献。

将此系列教材真诚地献给使用它们的老师和学生们!

北京大学经济学院教材编委会

2013 年 3 月

前　言

货币是宏观经济研究永恒的中心话题。货币研究分为几个著名学派,包括传统凯恩斯学派、传统货币主义学派、新凯恩斯学派等。本书介绍另一个重要学派——新货币主义理论,或称货币搜寻理论。

正如传统货币主义理论和传统凯恩斯理论互为对照,新货币主义理论对应于新凯恩斯理论。新货币主义的很多思想继承于传统货币主义理论,但与传统理论不同的是新货币主义理论对经济微观基础的强调。新货币主义理论的微观基础侧重点和新凯恩斯理论完全不同。新凯恩斯理论强调的市场摩擦是价格黏性,而新货币主义理论强调的是有限承诺、信息不对称和买卖双方协调失灵等一系列的摩擦,以及货币、银行等制度如何在相应摩擦下改进福利。

2007 年发端于美国的金融危机表明了市场摩擦在经济中的重要性。当信息不对称或承诺不完全等市场摩擦放大时,金融交易的媒介(如住房抵押贷款证券等媒介)可能不被市场信任,由此产生金融市场崩溃、金融中介破产等一系列经济和社会问题。故而研究信息不对称等摩擦下货币和资产的流动性有重要的理论与实践意义,这也是新货币主义理论的重要组成部分。

本书是笔者在北京大学的授课教案的基础上整理成型的,错误和疏漏在所难免。希望读者能多提宝贵意见,在此深表感激。最后希望本书能抛砖引玉,为研究者和工业界处理复杂的宏观金融问题提供有益的理论工具。

北京大学经济学院助理教授　韩晗

2019 年 7 月于北大燕园

目 录

第一讲
物物交换、信用和货币

1.1 综　　述

货币关系着每个人的日常生活。货币政策的混乱往往会导致一系列的国计民生问题。本书的核心议题就是货币研究。我们都知道,货币有计价单位、储值手段和交易媒介三种功能。这三种功能中,哪一个是货币的核心功能呢?我们用下面的篇幅来进行意义辨别。

第一是计价单位。经济学中有这样一个共识:人们应该关注实际量而非名义量。举个例子,实际量是指具体的商品数量,比如一个苹果。而名义量就是苹果对应的货币数目,比如5元人民币。对于货币,计价单位的大小仅局限于给出的名义量的大小。如果所有货币的面值放大10倍,以货币标价的名义量会改变,但经济体中的实际量却没有任何变化,这就是经典的货币中性原则。在这个原则下,计价单位自然不是货币的核心功能。

第二是储值手段。货币的确有储值功能。人们可以把货币放在钱包里,需要用时拿出来。但这是一种好的储值手段吗?不是。首先,货币本身有失窃的风险,一旦丢失就很难找回;其次,市场上充满了比货币更好的储值手段,比如短期国债,其风险和该国货币基本相同。国债一般是正收益,而持有货币是零收益甚至负收益(通货膨胀)。所以储值手段是货币的功能之一,但非核心功能。

第三是交易媒介。这才是货币的核心功能,也是本书的重点内容。下面我们用模型研究货币的交易媒介功能。

1.2 研究模型:Arrow-Debreu 模型和其他简化模型

该用什么模型来研究货币的交易媒介功能?我们先从中级微观经济学的消费者模型讲起。

这里给出一个简单的消费者效用最大化模型,消费者的效用最优化问题如下:

$$\max_{x,y} u(x,y) = x^{\alpha} y^{1-\alpha}$$

$$\text{s.t.} \quad p_x x + p_y y = p_x \bar{x} + p_y \bar{y}$$

其中,x 和 y 是两种商品,$u(x,y)$ 是消费者的效用函数,p_x 和 p_y 分别是两种商品的价格,$(\bar{x},\bar{y})$ 是消费者的禀赋。消费者在给定的禀赋下决定消费量,以实现效用最大化。可用图 1-1 来表示消费者行为。

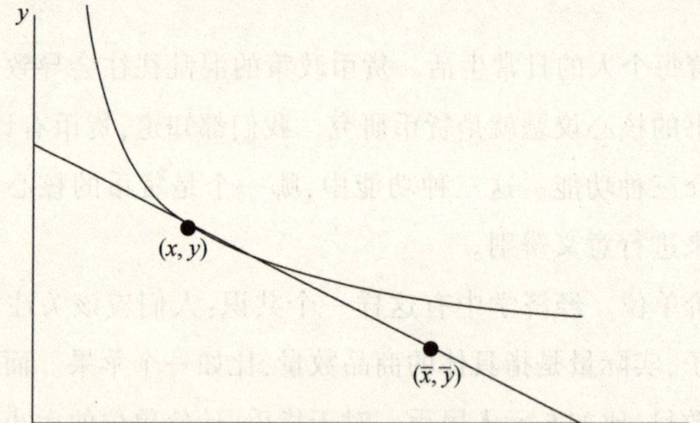

图 1-1 消费者效用最优化

消费者的最优化就是从禀赋点$(\bar{x},\bar{y})$移动到消费点(x,y)。这个移动是如何发生的,无人知晓。具体的交易过程已被经济理论抽象化。但货币作为交易媒介,恰恰在这一抽象化的环节中起作用。有关的货币研究应当回答以下几个基本问题:货币促进的是谁和谁的交易?这种交易需要什么媒介?交易过程中是采用菲亚特货币(fiat money)、实物货币还是信用呢?要回答这一系列基本问题,中级微观经济学模型显然是不够用的。那么使用怎样的一般均衡宏观模型来研究货币？

经济学相关专业本科阶段接触到的第一个一般均衡模型是 Arrow-Debreu 模型，这也是现代经济理论中非常重要的一个模型。下面对这个模型进行简单回顾，并判断这个模型适合不适合研究货币。

Arrow-Debreu 模型是一个简单的交换经济。具体设定是：

经济中有 I 个家户，J 种商品。每个家户的偏好是 $U^i(\boldsymbol{X}_i)$。X_i 是家户 i 的消费，它是一个 J 维向量。$\boldsymbol{X}_i=(x_{i1},x_{i2},\cdots,x_{iJ})'$，其中 x_{ij}是家户 i 第 j 种商品的消费量。每个家户都有禀赋 $\boldsymbol{W}_i=(w_{i1},w_{i2},\cdots,w_{iJ})'$，其中 w_{ij}是家户 i 第 j 种商品的禀赋。$\boldsymbol{X}_i$ 和 $\boldsymbol{W}_i$ 满足 $x_{ij},\ w_{ij}\geqslant 0,\ \forall j,\ x_{ij},\ w_{ij}>0$，对于某些 j 一定成立。

这个模型的均衡定义是一个瓦尔拉斯均衡，即给定消费 $\boldsymbol{X}_i$ 和价格 P，使得：① $\boldsymbol{X}_i$ 最大化有预算约束的消费者效用，② 所有市场出清。有了这个一般均衡框架，下面看它是否适合研究货币。

首先，Arrow-Debreu 模型仍然抽象了交易过程。家户在模型中只是在自己的预算约束下移动，人和人之间如何交易仍被忽略了。其次，货币在 Arrow-Debreu 模型里不是必要(essential)的。

这里需要强调一下“必要”这个词的经济学含义。必要指称一个制度性安排是福利增加的。这种制度性安排导致的福利增加和商品消费提高带来的福利增加是不同的。比如，消费者多吃一个苹果可以增加福利，但我们不说苹果是必要的，因为苹果不是一种制度。制度不是商品，制度的例子有货币、银行和信用。判断制度好不好，要看它的引入是否导致福利增加。

从这个角度讲，Arrow-Debreu 模型中，货币不是必要的，因为该模型中的瓦尔拉斯均衡满足帕累托最优，这是著名的福利经济学第一定理。所以，Arrow-Debreu 模型不是研究货币的好模型，在这个模型中无法分析福利。历史上研究货币还采用过 cash in advance(以下简称“CIA 模型”)和 money in utility(以下简称“MIU 模型”)。CIA 模型是在 Arrow-Debreu 模型的基础上，假设几种商品必须用货币结算，而 MIU 模型干脆把货币需求写进效用函数中。这两个模型是简化式(reduced form)的，但因太过简化而没有突出货币的交易媒介作用。更何况在 CIA 模型中，货币也是不必要的。本书的研究重点不会放在这两个简化式模型上。

1.3 研究模型：有摩擦的模型

Arrow-Debreu 模型是无摩擦的，不适合研究货币。货币是一种克服市场摩擦从而改进福利的制度安排。有哪些摩擦呢？一个重要的摩擦是有限承诺（limited commitment）和记录不全（lack of record keeping）。这在 Kocherlakota（1998）中有所提及。下面，我们用一个简单的模型介绍有限承诺和记录不全。模型设定如下：

（1）这是一个无限期的离散时间模型，折现率为 β。家户的测度为 1，每个家户都有无限长的生命。每个家户有自己的独有商品，商品生产成本为 c。家户消费喜欢商品的效用为 u，$u>c$。

（2）家户之间随机匹配，遇到另一个家户的概率为 α。遇到以后有两种情形：第一种是相互喜欢对方的商品，概率为 δ，称为双重巧合；第二种是一方喜欢另一方的商品但反之不然，概率为 σ，称为单次巧合。

有了这个简单设定，我们考察以下几种情况并比较相应的福利。

第一，自给自足（autarky）。用 V^A 代表自给自足时家户的价值函数。这时家户不和任何人交易，因此：

$$V^A=0$$

第二，物物交换（barter）。用 V^B 代表物物交换时家户的价值函数。则 V^B 满足：

$$V^B=\alpha\delta(u-c+\beta V^B)+(1-\alpha\delta)\beta V^B$$

等式右边第一项是家户交易的价值，第二项是家户没有交易的价值，化简后得到：

$$V^B=\frac{\alpha\delta(u-c)}{1-\beta}$$

第三，人人守信（credit）。这时信用是完美的，用 V^C 代表人人守信时家户的价值函数，则 V^C 满足：

$$V^C=\alpha\delta(u-c+\beta V^C)+\alpha\sigma(-c+\beta V^C)+\alpha\sigma(u+\beta V^C)$$
$$+(1-\alpha\delta-2\alpha\sigma)\beta V^C$$

等式右边第一项是家户物物交换的价值，第二项是守信为他人生产的价值，第三项是接受他人商品的价值，第四项是没有交易的价值。化简后有：

$$V^{C}=\frac{\alpha(\delta+\sigma)(u-c)}{1-\beta}>V^{B}$$

从上式明显看出人人守信的情况比物物交换好得多,原因是所有单次巧合的福利改进交易都发生了。但在现实中,由于存在有限承诺和记录不全的摩擦,人人守信成立需要一定的条件,这就是家户的激励相容条件:

$$-c+\beta V^{C}\geqslant \pi V^{A}+(1-\pi)\beta V^{C}$$

这里我们引入一个新的变量 π,它代表家户违约被抓的概率。

不等式左边是家户履约的价值。其中, $-c$ 是生产成本,而 βV^{C} 是履约后继续享有信用的好处。不等式右边是家户违约的价值。有概率 π 被抓,惩罚是 autarky,有概率 $1-\pi$ 逃过监督而没有惩罚。在这里,我们假设违约者会被施以最严厉的惩罚——就是自给自足。那么有:

$$c\leqslant \frac{\pi\beta\alpha(\delta+\sigma)u}{\pi\beta\alpha(\delta+\sigma)+1-\beta}$$

或

$$\pi\geqslant \frac{c(1-\beta)}{\beta\alpha(\delta+\sigma)(u-c)}$$

或

$$\beta\geqslant \frac{c}{\pi\alpha(\delta+\sigma)(u-c)+c}$$

即当经济中生产成本(c)足够小、监督概率 π 足够高或家户足够有耐心(β 足够大)时,才能支持信用经济;否则,只能引入新的交易媒介——货币。可以看出这个简单模型中的家户是两两交易的。我们可以具体知道谁是买方、谁是卖方,并可以清晰地探讨家户的交易方式是物物交易、信用交易,还是后面章节会探讨的货币交易。这种两两交易的环境是讨论货币的合适环境,而搜寻理论正是两两交易。故而,货币搜寻理论是本书的核心内容,后面的章节将一步步细致介绍这一理论。

课后作业》

利用 Arrow-Debreu 模型,证明福利经济学第一定理。

参考文献》

Kocherlakota, N. R., "Money is Memory", *Journal of Economic Theory*, 1998, 81(2), 232-251.

第二讲
搜寻理论奠基——Diamond模型

在第一讲中,我们知道 Arrow-Debreu 模型不是研究货币的好模型。我们要研究人和人之间的交易,进而研究交易的方式和媒介。这就是我们专注于货币搜寻理论的原因。在介绍货币搜寻理论之前,我们先用几讲介绍搜寻理论。这一讲将介绍 Diamond(1982)的搜寻模型。这篇文章是搜寻理论的开山之作,也帮助 Diamond 于 2010 年获得了诺贝尔经济学奖。Diamond(1982)给出了搜寻摩擦如何影响市场行为的具体例子,具有重要的理论意义。下面详细介绍模型细节。

2.1 模型设定

模型设定如下:

(1) 这是连续时间模型。折现率为 e^{-rt}。经济中有一种寿命无限长的家户,该家户的测度为 1。这是宏观经济学常用的基本假设。

(2) 经济中只有一种商品,这种商品是不可分的。商品的储存成本为 0。每个家户的存货数量为$\{0,1\}$。家户不能存储多于 1 个的商品。

(3) 经济中有两个分离的部门:生产部门和交换部门。在生产部门,家户以

泊松到达率 α 遇到一个生产机会。生产成本 c 是一个随机变量，c 的累积分布函数为 $F(c)$，定义域为 $[\underline{c},\bar{c}]$。家户决定是否生产。若生产以后家户不能消费自己的商品，则需要到第二个部门（交换部门）进行交换。

(4) 生产部门的家户测度为 $1-N$，交换部门家户的测度为 N。在交换部门，家户以泊松到达率 $\beta(N)$ 遇到另一个家户，进行物物交换和消费。消费带来的效用为 u。然后家户返回生产部门。$\beta(N)$ 和交换部门的总交换测度 $m(N)$ 有关。$\beta(N)$ 满足 $\beta(N)=m(N)/N$，如果 $m(N)$ 是规模收益递增的，则 $\beta'(N)>0$；如果 $m(N)$ 是规模收益不变的，则 $\beta'(N)=0$；如果 $m(N)$ 是规模收益递减的，则 $\beta'(N)<0$。

介绍了模型的偏好、技术、摩擦和时间线，下面来看家户的价值函数和均衡状态。

2.2 价值函数和均衡状态

家户有两种状态：第一种是没有存货的，他们在生产部门，用 V_0 代表其价值函数；第二种是有存货的，他们在交换部门，用 V_1 代表其价值函数。这里仅仅关注稳态，忽略动态，则生产部门的价值函数为：

$$rV_0 = \alpha E\max\{V_1 - V_0 - c, 0\}$$

其中，$V_1 - V_0 - c$ 是遇到机会进行生产的收益。生产获得商品，但也付出了成本 c。0 是遇到机会不生产的收益。家户会在其中选取较大的收益，这是家户进行收益的最优化。因为 c 是随机的，所以要对等式右边取预期值。定义 $V_1 - V_0 \equiv k$，有：

$$\alpha E\max\{V_1 - V_0 - c, 0\} = \alpha\int_{\underline{c}}^{k}(k-c)\mathrm{d}F(c) + \alpha\int_{k}^{\bar{c}}0\mathrm{d}F(c) = \alpha S_o(k)$$

其中
$$S_o(k) = \int_{\underline{c}}^{k}(k-c)\mathrm{d}F(c)$$

那么有：

$$rV_0 = \alpha S_o(k) \qquad ①$$

接下来看 V_1：

$$rV_1 = \beta(N)(u + V_0 - V_1) \qquad ②$$

综合①式和②式：

$$S(N,k) \equiv rk + \alpha S_o(k) - \beta(N)(u-k) = 0$$

其中，$S(N,k)$是家户进行最优化的结果。

下面考虑模型的均衡条件。均衡条件下，从生产流入交换的家户测度应该等于从交换流入生产的家户测度。从生产流入交换的测度为$\alpha(1-N)F(k)$，从交换流入生产的测度为$N\beta(N)$，那么有：

$$T(N,k) \equiv \alpha(1-N)F(k) - N\beta(N) = 0$$

一个均衡就是两个参数(N,k)同时满足$S(N,k)=0$和$T(N,k)=0$。很显然，$(0,0)$是一个均衡。也就是说，如果$N=0$，没有家户在交换部门，$k=0$，生产商品不带来任何收益。对交换部门的糟糕预期会影响生产部门。现在看一看能不能有非零均衡。先看$T(N,k)$。很显然，$(0,0)$点在$T(N,k)=0$这条曲线上，并且$T(N,k)$满足$\frac{\partial N}{\partial k}>0$。那么可以把$T(N,k)=0$画在图2-1上，这里我们假设了$T(N,k)$是凹函数。

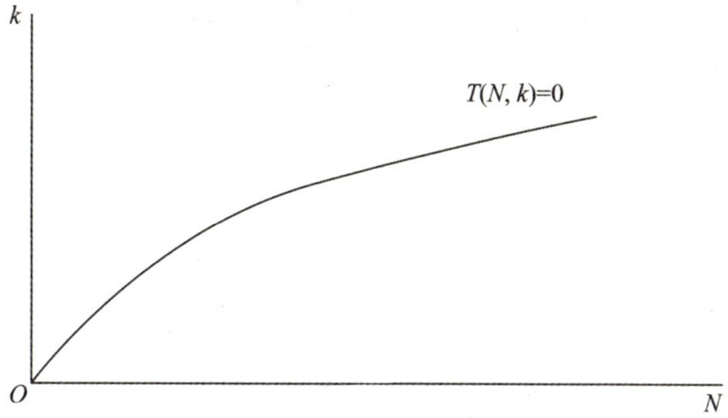

图 2-1 $T(N,k)$

接下来看$S(N,k)=0$。先看一个简单的情形：$m(N)$规模收益不变，则$\beta'(N)=0$，那么β就是一个常数。k由$rk+\alpha S_o(k)-\beta(u-k)=0$决定，故而也是一个独立于$N$的常数。如果$m(N)$规模收益递增，则$\beta'(N)>0$，此时$\frac{\partial N}{\partial k}>0$；如果$m(N)$规模收益不变，则$\beta'(N)=0$，此时$\frac{\partial N}{\partial k}=0$；如果$m(N)$规模收益递减，则$\beta'(N)<0$，此时$\frac{\partial N}{\partial k}<0$。故而随着规模效应的不同，$S(N,k)=0$有着不同的形状。用图2-2表示$S(N,k)$。

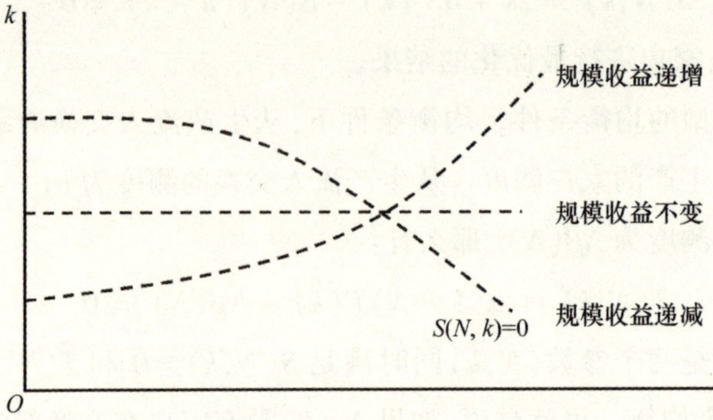

图 2-2　$S(N,k)$

最后，把图 2-1 和图 2-2 结合起来，给出 $T(N,k)$ 和 $S(N,k)=0$ 的交点，也就是均衡点，如图 2-3 所示。

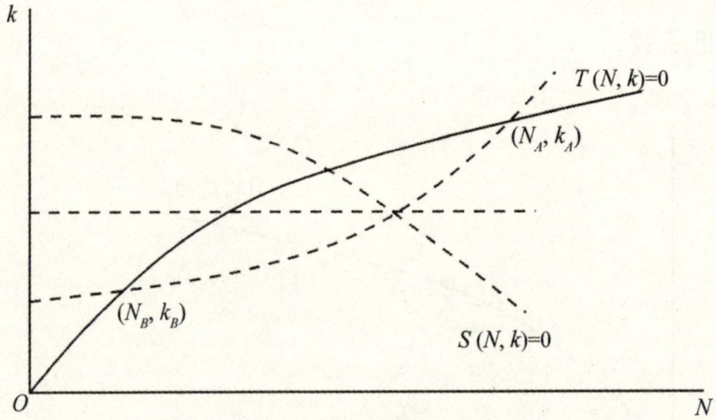

图 2-3　$S(N,k)$ 和 $T(N,k)$

在图 2-3 中，可以看出当匹配技术是规模收益递增时，有大小两个均衡。这种多重均衡的结果在瓦尔拉斯完全竞争市场模型中是看不到的。假设大的均衡点为 (N_A,k_A) 点，小的均衡点为 (N_B,k_B) 点。可以看出 (N_A,k_A) 点的生产成本阈值 k 和交易部门测度 N 都要高于 (N_B,k_B) 点。如果理性家户预期交换的人多且机会较大，他们也愿意付出更多的生产成本，也可证明 (N_A,k_A) 点的福利高于 (N_B,k_B)，这个证明是本讲的课后作业。

2.3　模型的意义和局限

Diamond(1982)划时代地提出，搜寻摩擦能够影响均衡状态。在规模收益递增的匹配技术中,有可能出现多重均衡,这和瓦尔拉斯完全竞争市场是不同的。但 Diamond 模型在研究货币中仍有一定的局限:第一,在 Diamond 模型中,家户进行物物交换,因此不知道谁是买方、谁是卖方;第二,Diamond 模型中只有商品,没有货币,货币不应是一次性消耗品;第三,Diamond 模型的多重均衡结果要求规模收益递增,而这在劳动力或婚姻等大规模市场上是很难看到的。了解 Diamond 模型的局限更有利于讨论学习后文的货币搜寻模型。

课后作业》

在 Diamond 模型中,假设规模收益递增,证明图 2-3 中的(N_A,k_A)点的福利高于(N_B,k_B)点。

参考文献》

Diamond, P. A., "Aggregate Demand Management in Search Equilibrium", *Journal of Political Economy*, 1982, 90(5), 881-894.

第三讲
第一代货币搜寻模型——Kiyotaki-Wright 模型

这一讲介绍第一代货币搜寻理论模型——Kiyotaki-Wright 模型。Kiyotaki 和 Wright 两位教授在 1989 年和 1993 年的两篇文章中系统地阐述了这一模型，其中 1993 年的模型更适用于教学，这一讲将以 1993 年的版本为主。Kiyotaki-Wright 模型的特征是不可分的货币和商品。不可分性的假设使模型极大简化。

3.1 模型设定

模型设定如下：

(1) 离散时间，折现因子为 β，$\beta<1$。

(2) 无穷多个理性人参与经济活动。设定理性人的总测度为 1，理性人的寿命无限长。

(3) 货币不可分。货币也有无穷多个，设定货币的总测度为 M，$M<1$。

(4) 每个理性人最多持有 1 个货币。自然地，经济中的货币持有分布为 0-1 分布。有 M 测度的人持有货币，另外 $1-M$ 测度的人不持有货币。持有货币的人是潜在的买方，不持有货币的人是潜在的卖方。持有货币会给持有人带来 ρ 的效用，ρ 可正可负。如果 ρ 为正，则货币是一种资产；如果 ρ 为负，则货币有储存成本；如果 ρ 为 0，则货币是现代意义上的菲亚特货币。

（5）每个人都生产一种不可分商品。每个人的商品不同，但所有人的生产成本是一个固定常数 c。生产在交换之时发生。每人最多生产一个商品，不允许人们储存商品。

（6）如果人们找到自己喜欢的商品，消费以后就会获得一个效用 u，u 是一个大于 c 的常数。为了简化模型，假设人们不会喜欢自己生产的商品。如果人们想要消费，就要到市场上进行交换。

（7）市场上有两种摩擦：一种是搜寻摩擦，即一个理性人找到另一个理性人不是一个确定事件，它的概率为 α；另一种是有限承诺，即理性人之间无信用可言，买卖不能赊账。

（8）交易类型有两种：一种是物物交易，这种交易的前提是两个理性人相遇后互相喜欢对方的商品；另一种是钱物交易，这种交易需要交易中持有货币方喜欢不持有货币方的商品，而且不持有货币方愿意交易。

以上就是 Kiyotaki-Wright 模型的基本设定。下面来一步一步推导模型，展示更多的经济学内涵。

3.2 基础模型求解

在求解模型前，我们用数学表达 Kiyotaki-Wright 模型中的最优化问题。模型中理性人最优化自己的价值函数（value function）。在此做一个重要假设：卖方接受货币的概率是一个 0-1 变量，也就是要么不接受，要么接受，而不会有百分之多少的概率接受货币。有这个假设的模型是我们的基础模型，本书后面的章节将放松这一假设。

更进一步，假设卖方接受货币。那么理性人有两种状态：持有货币或不持有货币。用 V_1 表示持有货币时的价值函数，用 V_0 表示不持有货币时的价值函数，那么 V_0 和 V_1 满足下列等式：

$$V_0 = \alpha\delta(u - c) + \alpha\sigma M(-c + \beta V_1 - \beta V_0) + \beta V_0$$

$$V_1 = \alpha\delta(u - c) + \alpha\sigma(1 - M)(u + \beta V_0 - \beta V_1) + \beta V_1 + \rho$$

其中，δ 代表理性人相遇后，相互喜欢对方商品的概率（double coincidence），σ 代表理性人相遇后一方喜欢另一方商品的概率（single coincidence）。

这里具体解释一下两个等式的经济学意义。先是卖方的价值函数 V_0。V_0 由三部分组成,第一部分为 $\alpha\delta(u-c)$,是指卖方遇到一个交易对象,而这个交易对象正好和卖方相互喜欢彼此的商品。这种情况下,物物交换发生了。第二部分为 $\alpha\sigma M(-c+\beta V_1-\beta V_0)$,其中 $\alpha\sigma M$ 为卖方遇到喜欢自己商品的买方的概率。卖方为买方生产,付出成本 c 换得货币,下一期由卖方转换为买方,从而有 $\beta V_1-\beta V_0$ 的效用变化。第三部分 βV_0 是未来的折现,其中 β 是折现因子。解释完卖方,再来看买方的价值函数 V_1。第一部分与卖方相同,为 $\alpha\delta(u-c)$。第二部分为 $\alpha\sigma(1-M)(u+\beta V_0-\beta V_1)$,与卖方有所区别。$\alpha\sigma(1-M)$ 为买方遇到生产自己喜欢商品的卖方的概率。买方购买消费得到效用 u,花掉了自己的货币,下一期由买方转换为卖方,有 $\beta V_0-\beta V_1$ 的效用变化。然后加上下一期的折现 βV_1 和买方因持有货币而享有的效用 ρ。这就是卖方和买方的价值函数的拆解。

买卖双方愿意交易是有条件的,也就是交易必须互利,故而需要考虑卖方和买方的激励相容条件(incentive compatible conditions)。对于卖方,激励相容条件就是 $-c+\beta V_1-\beta V_0\geqslant 0$,也就是生产所付的成本要小于等于赚钱带来的收益。对于买方,激励相容的条件为 $u+\beta V_0-\beta V_1\geqslant 0$,也就是消费带来的效用要大于等于货币减少的损失。综合以上条件,买卖双方价值函数的差值 V_1-V_0 要满足:

$$c/\beta \leqslant V_1 - V_0 \leqslant u/\beta$$

V_1-V_0 的数学表达式为:

$$V_1 - V_0 = \frac{\alpha\sigma(1-M)u + \alpha\sigma Mc + \rho}{1-\beta+\alpha\sigma\beta}$$

可以看出,决定 V_1-V_0 大小的关键参数是 ρ。如果 ρ 过大,就会出现 $V_1-V_0>u/\beta$。买方会因货币太有价值而停止交易。允许交易继续的最大收益 $\bar{\rho}$ 满足:

$$\frac{\alpha\sigma(1-M)u + \alpha\sigma Mc + \bar{\rho}}{1-\beta+\alpha\sigma\beta} = u/\beta$$

也就是 $\bar{\rho}=(1/\beta-1)u+\alpha\sigma M(u-c)$。$\bar{\rho}$ 的出现是一个有趣的经济学结果,用通俗的话讲就是"劣币驱逐良币"。经济学中有个专有名词叫格雷欣法则(Grasham's Law)——价值太高的货币不会用于流通,因为持有者愿意将其储存起来而非花掉。大多数人也有这样的经验,当钱包里有新钱和旧钱时,会先把旧钱花出去,留下新钱储蓄。$\bar{\rho}$ 可以说是 ρ 的上限。

当然,ρ 也有一个下限,称为 $\underline{\rho}$。如果 $\rho<\underline{\rho}$,卖方会因货币价值太差而拒收货币。$\underline{\rho}$ 需满足:

$$\frac{\alpha\sigma(1-M)u+\alpha\sigma Mc+\underline{\rho}}{1-\beta+\alpha\sigma\beta}=c/\beta$$

也就是$\underline{\rho}=(1/\beta-1)c-\alpha\sigma(1-M)(u-c)$。不难看出，$\bar{\rho}$一定为正，$\underline{\rho}$可正可负。根据这个简单的模型，可以得到以下经济学直觉：一种充当交易媒介的货币既不能太好，也不能太坏。太好($\rho>\bar{\rho}$)就会被买方囤积，太坏($\rho<\underline{\rho}$)就会被卖方嫌弃。

3.3 拓展模型求解

基础模型中，假设接受货币的概率是0-1变量。在此放宽这一假设。卖方接受货币的概率为π，$0<\pi<1$。用$\bar{\pi}$代表市场平均接受概率。假设货币的收益ρ为$\underline{\rho}$和$\bar{\rho}$之间的一个常数，$\rho\in(\underline{\rho},\bar{\rho})$。这种改变接受概率的模型称为拓展模型。拓展模型的价值函数为：

$$V_0=\alpha\delta(u-c)+\alpha\sigma M\pi(-c+\beta V_1-\beta V_0)+\beta V_0$$

$$V_1=\alpha\delta(u-c)+\alpha\sigma(1-M)\bar{\pi}(u+\beta V_0-\beta V_1)+\beta V_1+\rho$$

与基础模型相比，拓展模型的价值函数多了π和$\bar{\pi}$。对卖方来说，他可以自行决定自己的接受概率，因此V_0里边的参数为π。对买方来说，卖方的决策是外生的，买方只能根据市场平均的π，也就是$\bar{\pi}$来决定自己的价值函数。在这个模型中，什么是市场均衡呢？这个市场均衡和一般的供给需求不太一样。在这里，卖方的个人决策π和市场众卖方的决策$\bar{\pi}$一致就是均衡。也就是说，均衡要求$\pi=\bar{\pi}$。

有了均衡的概念，再来看卖方的最优化。一个卖方怎么决定π呢？他要考虑接受货币的收益和生产成本的大小，也就是比较$\beta V_1-\beta V_0$和c，或者比较V_1-V_0和c/β。卖方的决策应该是这样的：

$$\pi=\begin{cases}1 & \text{if } V_1-V_0>c/\beta\\ \in(0,1) & \text{if } V_1-V_0=c/\beta\\ 0 & \text{if } V_1-V_0<c/\beta\end{cases}$$

也就是说，当卖方的收益V_1-V_0大于成本c/β时，卖方一定会卖；当卖方的收益V_1-V_0等于成本c/β时，卖方可卖可不卖；当卖方的收益V_1-V_0小于成本c/β时，卖方一定不卖。

为了进一步求解,要知道 $V_1 - V_0$。$V_1 - V_0$ 满足:

$$(1-\beta)(V_1 - V_0) = \alpha\sigma(1-M)\bar{\pi}(u + \beta V_0 - \beta V_1) - \alpha\sigma M\pi(-c + \beta V_1 - \beta V_0) + \rho$$

那么

$$V_1 - V_0 = \frac{\alpha\sigma(1-M)\bar{\pi}u + \alpha\sigma M\pi c + \rho}{1 - \beta + \alpha\sigma\beta(1-M)\bar{\pi} + \alpha\sigma\beta M\pi}$$

要找出让卖方可卖可不卖的阈值 π^*,π^* 使 $V_1 - V_0 = c/\beta$ 成立。代入市场均衡条件 $\pi = \bar{\pi} = \pi^*$,则:

$$\frac{\alpha\sigma(1-M)\pi^* u + \alpha\sigma M\pi^* c + \rho}{1 - \beta + \alpha\sigma\beta\pi^*} = c/\beta$$

也就是说,

$$\pi^* = \frac{\frac{(1-\beta)c}{\beta} - \rho}{\alpha\sigma(1-M)(u-c)}$$

很明显,$\pi^* < 1$。ρ 如果不太大时,$\pi^* > 0$。当 $\bar{\pi} = \pi^*$ 时,$V_1 - V_0 = c/\beta$ 成立。而我们知道$\frac{\partial(V_1 - V_0)}{\partial\bar{\pi}} > 0$,也就是当 $\bar{\pi} > \pi^*$ 时,$V_1 - V_0 > c/\beta$ 成立;当 $\bar{\pi} < \pi^*$ 时,$V_1 - V_0 < c/\beta$ 成立。以此为基础的决策方程为:

$$\pi = \begin{cases} 1 & \text{if} \quad \bar{\pi} > \pi^* \\ \in (0,1) & \text{if} \quad \bar{\pi} = \pi^* \\ 0 & \text{if} \quad \bar{\pi} < \pi^* \end{cases}$$

给定这个决策方程,接下来画图寻找均衡点,如图 3-1 所示。

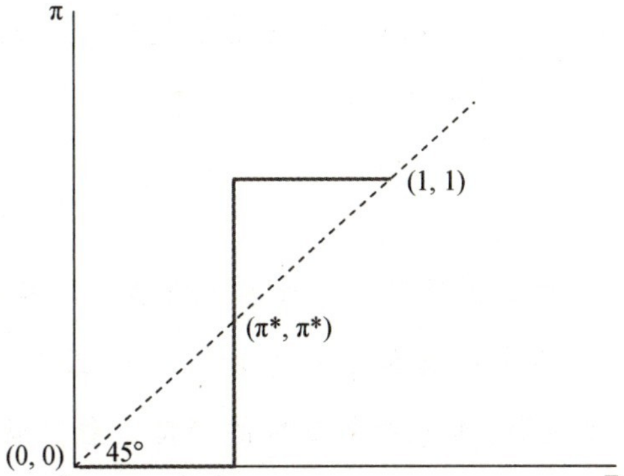

图 3-1 三个均衡点

图 3-1 中,横轴为 $\bar{\pi}$,纵轴为 π。实线为决策方程,它和 45°线的交点即为均

衡点。可以看到图中有三个均衡点:(0,0),(1,1)和(π^*,π^*),三个点有不同的经济学含义。(0,0)点的含义是当市场上其他卖方选择不接受货币时,个体卖方也不接受货币;(1,1)点的含义是当市场上其他卖方选择接受货币时,个体卖方会接受货币;(π^*,π^*)点的含义则是当市场上其他卖方选择以概率 π^* 接受货币时,卖方也以概率 π^* 接受货币。综上所述,每个卖方接受货币与否取决于其他卖方的选择,因为卖方要考虑到之后自己能否从其他卖方那里买到东西。

3.4 模型利弊的讨论

Kiyotaki-Wright 模型开创了货币搜寻理论。它充分强调了货币的本质是交易媒介,也强调了货币交易应该是卖家和买家的双方行为,而不只是根据自己的预算约束进行决策。Kiyotaki-Wright 模型的结果有两点很重要的经济学含义:一是能够充当货币的物品既不能太好,也不能太坏。太好会导致买方囤积,太坏卖方会拒绝接受。二是货币本质是流动性。即使货币本身不好也不坏,货币交易能否成功还要看市场上其他卖方是否接受货币。不被大家接受的就不是货币,也就是上述拓展模型中的(0,0)均衡点。

Kiyotaki-Wright 模型具有划时代的意义,但毕竟是近三十年前的模型,存在一些局限性。比如 Kiyotaki-Wright 模型中的钱物交易永远是一对一;物品的价格永远是 1 个货币,而不管 M 的大小如何,这样永远没有通货膨胀,一个没有价格和通货膨胀的货币理论是不完备的。为了进一步研究价格,后面的九讲将打破双重不可分的假设,让商品或货币可分,这就是货币搜寻理论第二代模型——Shi-Trejos-Wright 模型。

课后作业》

1. 彩票支付。打破货币不可分性的一种方法是进行彩票支付,也就是为换取 1 单位商品,买方以概率 π 支付 1 个货币,以概率 $1-\pi$ 不支付货币。在这种新的经济环境下,列出彩票支付的价值方程。解出均衡状态 π 的商品价格。

2. 福利计算。在基础模型和拓展模型中计算使经济中福利最大化的货币存量 M。

参考文献》

1. Kiyotaki, N., and Wright, R., "On Money as a Medium of Exchange", *Journal of Political Economy*, 1989, 97(4), 927-954.

2. Kiyotaki, N., and Wright, R., "A Search-Theoretic Approach to Monetary Economics", *The American Economic Review*, 1993, 83(1), 63-77.

3. Shi, S., "Money and Prices: A Model of Search and Bargaining", *Journal of Economic Theory*, 1995, 67(2), 467-496.

4. Trejos, A., and Wright, R., "Search, Bargaining, Money, and Prices", *Journal of Political Economy*, 1995, 103(1), 118-141.

第四讲
劳动搜寻理论和失业率的决定
——Pissarides 模型

介绍完 Diamond(1982)的搜寻模型和 Kiyotaki and Wright(1989,1993)的货币搜寻模型后,这一讲介绍搜寻理论的另一类重要文献——劳动搜寻,具体内容是 Pissarides 的失业决定模型。Pissarides 也凭借这个贡献和 Diamond、Mortensen 一起分享了 2010 年的诺贝尔经济学奖。在讲述模型的过程中,我们也强调如何在两两交易中决定价格。毕竟在两两交易中,假设买卖双方没有议价能力的瓦尔拉斯均衡太不合理。这里两两交易的双方是雇佣者和劳工,交易双方商议的价格是工资。这一讲决定工资的方式是议价。这种议价方式也会在货币交易中用到。

4.1 模型设定

模型设定如下:

(1) 这是一个无限期的离散时间模型。折现率为 β。每一期分别有商品市场(以下简称"GM")和劳动力市场(以下简称"LM")两个分期。分期之间无折现。这里 GM 在先,LM 在后。这个先后顺序的假设不失一般性。

(2) 这个经济环境中有两种经济人:一种是劳工,另一种是厂商,分别用 w 和 f 表示。劳工 w 的测度为 1,而厂商 f 的测度由自由进入条件决定。经济中只有一种商品 x,劳工和厂商对 x 的偏好都是线性的:$u(x)=x$。在商品市场上,除了生产利润和工资,劳工和厂商分别有禀赋 z^w 和 z^f 单位的商品 x。

(3) 假定每个厂商最多雇用一个劳工(这当然是很不真实的假设,但在这个基础模型中,Pissarides 用这个假设简化模型)。劳工和厂商都有两种状态。劳工是就业和失业,厂商是开工和不开工。如果劳工和厂商成功配对,则产出为 y 单位的商品 x;如果配对不成功,劳工有 $b<y$ 单位的商品 x 产出(可以把 b 理解为家庭生产量或失业保险),厂商没有产出。成功配对的厂商支付给工人 w 单位 x 的工资。所有 x 的生产、消费和工资支付在 GM 上进行。

(4) 没有配对成功的劳工和厂商进入劳动力市场进行匹配。为了进入劳动力市场,劳工和厂商分别支付 k^w 和 k^f 的成本。劳动力市场有搜寻摩擦,假定劳工成功配对一个厂商的概率为 λ^w,厂商成功配对一个劳工的概率为 λ^f。后半部分,我们会将 λ^w 和 λ^f 内生化。

(5) 配对成功的劳工和厂商不进入劳动力市场。当劳动力市场分期结束时,劳工和厂商有 δ 的概率分道扬镳。分道扬镳后劳工和厂商以未配对的状态进入商品市场。

这样我们就介绍完了模型的偏好、技术、摩擦和时间线,下面来看家户在 GM 和 LM 上的价值函数。

4.2 价值函数和均衡状态

以 W 代表 GM 上劳工和厂商的价值函数,L 代表 LM 上劳工和厂商的价值函数,先看 GM:

$$W_1^w = z^w + w + L_1^w$$

$$W_1^f = z^f + y - w + L_1^f$$

$$W_0^w = z^w + b + L_0^w$$

$$W_0^f = z^f + L_0^f$$

其中,W_1^w 和 L_1^w 是有工作劳工的 GM 价值函数和 LM 价值函数,W_0^w 和 L_0^w 则是无工作劳工的 GM 价值函数和 LM 价值函数。相应地,W_1^f 和 L_1^f 分别是有劳工厂商的 GM 价值函数和 LM 价值函数，W_0^f 和 L_0^f 则分别是无劳工厂商的 GM 价值函数和 LM 价值函数。线性的效用函数大大简化了价值函数。下面列出 LM 上劳工和厂商的价值函数：

$$L_1^w = \delta\beta W_0^w + (1-\delta)\beta W_1^w$$

$$L_1^f = \delta\beta W_0^f + (1-\delta)\beta W_1^f$$

$$L_0^w = \max\{\lambda^w\beta W_1^w + (1-\lambda^w)\beta W_0^w - k^w, \beta W_0^w\}$$

$$L_0^f = \max\{\lambda^f\beta W_1^f + (1-\lambda^f)\beta W_0^f - k^f, \beta W_0^f\}$$

从 L_0^w 和 L_0^f 中可以看出，配对不成功的劳工和厂商有两种选择：不进入劳动力市场或支付成本后进入劳动力市场。劳工和厂商选择其中的最大值。为了简化模型，我们假设 $z^f = k^w = 0$，即厂商没有禀赋，厂商存在的唯一目的是获取利润。因劳工进入劳动力市场没有成本，故劳工肯定选择进入劳动力市场。这里假设不存在丧失信心的劳工，那么有 $L_0^w = \lambda^w\beta W_1^w + (1-\lambda^w)\beta W_0^w$（因为 w 一定大于 b，当无进入成本时，劳工一定选择进入 LM）。接下来看看厂商在 LM 上的表现。我们知道厂商是自由进入的，而自由进入会把厂商利润压缩为 0，那么我们有 $\lambda^f\beta W_1^f + (1-\lambda^f)\beta W_0^f - k^f = \beta W_0^f$，或 $k^f = \lambda^f\beta(W_1^f - W_0^f)$。我们有 $L_0^f = \beta W_0^f$。综合 GM 价值函数，有以下等式：

$$W_1^w - W_0^w = w - b + L_1^w - L_0^w$$

$$W_1^f - W_0^f = y - w + L_1^f - L_0^f$$

而综合 LM 的价值函数，有：

$$L_1^w - L_0^w = (1-\delta-\lambda^w)\beta(W_1^w - W_0^w)$$

$$L_1^f - L_0^f = (1-\delta)\beta(W_1^f - W_0^f)$$

经过数学换算，有：

$$W_1^w - W_0^w = \frac{w-b}{1-\beta+\beta\delta+\beta\lambda^w}$$

$$W_1^f - W_0^f = \frac{y-w}{1-\beta+\beta\delta}$$

这里定义劳工的交易剩余为 $S_w = W_1^w - W_0^w$，厂商的交易剩余为 $S_f = W_1^f - W_0^f$。S_w 和 S_f 分别代表配对成功造成劳工和厂商的价值变化。这两个交易剩余和交易价格（工资）w 息息相关。那么，现在用议价的手段决定工资。

议价到底是一种怎样的决策方式呢？在经济学的理解中，议价是一个“黑匣子”，通过这个“黑匣子”进行利益分配。经济学家通过对议价的研究，给出了一定条件下如何求解议价。经济学中常用的议价有 Nash 议价和 Kalai 议价两种。Nash 议价的基本假设有 IIA 假设(independence of irrelevant alternatives),也就是结果独立于无关选项的假设和帕累托最优。我们可以用一定的数学式表达议价过程。假设厂商的议价能力为参数 $\theta\in(0,1)$,那么 Nash 议价满足:

$$\max_w S_f^{\theta} S(1-\theta)_w$$

Kalai 议价满足的条件与 Nash 议价不同,Kalai 议价要满足的条件是帕累托最优和议价单调性。Kalai 议价满足 $S_f=\theta(S_f+S_w)$,即厂商的交易剩余和社会的总剩余成正比。在 Kalai 议价中,厂商和劳工只要最大化社会总剩余即可。这一讲为简便起见,采用 Kalai 议价。那么有:

$$\frac{y-w}{1-\beta+\beta\delta}=\theta\left(\frac{w-b}{1-\beta+\beta\delta+\beta\lambda^w}+\frac{y-w}{1-\beta+\beta\delta}\right)$$

进而得到工资 w:

$$w=\frac{\theta(1-\beta+\beta\delta)b+(1-\theta)(1-\beta+\beta\delta+\beta\lambda^w)y}{1-\beta+\beta\delta+(1-\theta)\beta\lambda^w}$$

由此可见,工资是家庭生产或失业保险 b 和就业产出 y 的加权平均,权重由厂商议价能力 θ、时间因子 β、分道扬镳概率 δ 和劳工找到工作的概率 λ^w 共同决定。

根据工资的表达式,有:

$$S_f=\frac{y-w}{1-\beta+\beta\delta}=\frac{\theta(y-b)}{1-\beta+\beta\delta+(1-\theta)\beta\lambda^w}$$

再根据厂商的零利润条件 $k^f=\lambda^f\beta(W_1^f-W_0^f)$,有:

$$\frac{k^f}{\lambda^f}=\frac{\beta\theta(y-b)}{1-\beta+\beta\delta+(1-\theta)\beta\lambda^w}$$

下面,我们内生化两个概率 λ^f 和 λ^w。这里假设劳动力市场上失业劳工的测度为 u,未配对厂商的测度为 v,那么成功匹配数目 N 肯定是 u 和 v 的函数 $N(u,v)$。这里假设 $N(u,v)$ 是一次齐次函数。很明显 Pissarides 模型中的匹配数目是两个参数的函数,而不像 Diamond(1982)中匹配数目是单个参数的函数。

那么两个概率 λ^f 和 λ^w 满足:

$$\lambda^f=N(u,v)/v=\frac{N(1,u/v)}{v/u}$$

$$\lambda^w=N(u,v)/u=N(1,u/v)$$

两个概率是一个参数 u/v 的函数。定义这个参数为劳动力市场松紧程度 τ。那么:

$$\lambda^f = \frac{N(1,\tau)}{\tau}$$

$$\lambda^w = N(1,\tau)$$

而且 λ^w 是 τ 的增函数，λ^f 是 τ 的减函数。因为厂商比例的提高会加大劳工的配对概率，同时减小厂商的配对概率。那么有：

$$\frac{k^f}{N(1,\tau)/\tau} = \frac{\beta\theta(y-b)}{1-\beta+\beta\delta+(1-\theta)\beta N(1,\tau)}$$

上述等式左边的是增函数，右边的是减函数，故而只能有一个均衡松紧程度 τ^*，即均衡是唯一的。

下面进一步探讨均衡的失业率。在均衡状态下，失业率应该是稳定的。均衡状态下，每期新找到工作的失业者数量为 $uN(1,\tau)$，而每期新失业的数量为 $(1-u)\delta$。这两个数量应该相等，即 $uN(1,\tau)=(1-u)\delta$。

则均衡失业率满足：

$$u = \frac{\delta}{\delta+N(1,\tau)}$$

代入均衡劳动力市场松紧程度 τ^*，有：

$$u = \frac{\delta}{\delta+N(1,\tau^*)}$$

4.3 最优失业率

得到了均衡失业率，我们探讨在什么市场条件下失业率是最优的。为了简化讨论，只看稳态下一期福利 $\tilde{W}$。为此假设 $\beta=1$，那么有以下最大化：

$$\max_u \tilde{W} = -vk^f + ub + (1-u)y$$
$$\text{s.t.} \quad N(u,v) = (1-u)\delta$$

根据 $N(u,v)=(1-u)\delta$，我们知道 $v'(u) = \frac{-(N_1+\delta)}{N_2} < 0$，而且有一阶条件 $\frac{\partial \tilde{W}}{\partial u}=0$，那么：

$$k^f = \frac{(y-b)N_2}{N_1+\delta}$$

而我们知道

$$k^f = \frac{\theta(y-b)N(u,v)/v}{\delta + (1-\theta)N(u,v)/u}$$

在一次齐次假设下有 $N_1 u + N_2 v = N(u,v)$。

实现最优化，需要

$$\frac{(y-b)N_2}{N_1 + \delta} = \frac{\theta(y-b)N(u,v)/v}{\delta + (1-\theta)N(u,v)/u}$$

那么得到：

$$\theta = \frac{N_2 v}{N} = \frac{\partial N/\partial v}{N/v} = \varepsilon_{N,v}$$

这也是著名的 Hosios 条件。厂商的议价能力应该等于它对劳动力市场的贡献（弹性）。

课后作业》

在 Pissarides 模型中，假设议价方式是 Nash 议价，算出工资的表达式。

参考文献》

1. Diamond, P. A., "Aggregate Demand Management in Search Equilibrium", *Journal of Political Economy*, 1982, 90(5), 881-894.

2. Hosios, Arthur, J., "On the Efficiency of Matching and Related Models of Search and Unemployment", *Review of Economic Studies*, 1990, 57, 279-298.

3. Kalai, E., and Smorodinsky, M., "Other Solutions to Nash's Bargaining Problem", *Econometrica*, 1975, 43(3), 513-518.

4. Kiyotaki, N., and Wright, R., "On Money as a Medium of Exchange", *Journal of Political Economy*, 1997, 4(1989), 927-954.

5. Kiyotaki, N., and Wright, R., "A Search-Theoretic Approach to Monetary Economics", *The American Economic Review*, 1993, 83(1), 63-77.

6. Mortensen D. T., and Pissarides, C. A., "Job Creation and Job Destruction in the Theory of Unemployment", *Review of Economic Studies*, 1994, 61(3), 397-415.

7. Nash J., "Two-Person Cooperative Games", *Econometrica*, 1953, 21(1), 128-140.

第五讲
第二代货币模型——Shi-Trejos-Wright 模型

第一代货币模型的特点是不可分的货币和商品。这个简单的模型解释了流动性这一重要的货币现象。但第一代的模型是有局限的,其中一项就是模型中没有价格。商品和货币是一一交换的,故而商品的价格永远为 1。为了研究价格,需要至少引入商品或者货币两者中一种的可分性。如果引入货币的可分性,则会出现货币的分布。在两两交易中,富人和穷人会有不同的交易条件。为了避免这一点,这一讲的模型会维持不可分的货币,而让商品可分。这一讲的原始模型是由 Shi(1995)与 Trejos and Wright(1995)两篇文章共同提出的。为了使模型更容易理解,我们采用 Trejos and Wright(2016)的模型。

5.1 模型设定

模型设定如下:

(1) 这是连续时间模型。折现率为 e^{-rt}。经济中有一种寿命无限期的家户,该家户的测度为 1。经济中有测度为 M 的货币。货币为真实货币,持有货币有 δ 的红利。家户的货币持有只有两种状态:0 个货币或 1 个货币。家户不能持有多于 1 个的货币。

(2) 家户每人生产一种商品。家户如果消费自己心仪的商品,则得到效用 $u(q)$, 其他家户生产的成本为 $c(q)$。$u(q)$ 是凹函数, $c(q)$ 是凸函数。$u(0)=c(0)=0$, $u(\bar{q})=c(\bar{q})>0$。$\bar{q}$ 是最大生产量。商品生产的可能值域为 $(0,\bar{q})$, 在这个值域内, $u(q)>c(q)$。

(3) 家户有 σ 的泊松到达率和另一个家户相遇,如果有单次巧合会进行交易。为简化模型,这里假设双重巧合的概率为0。

(4) 家户之间的定价方式为 Kalai 议价,消费者的议价能力为 θ。

这就是基础模型,下面列出具体的价值函数。在这一讲中,我们不仅要研究经济的稳态,还要分析经济的动态。

5.2 价值函数和经济状态

家户有两种状态:一种是不持有货币,用 V_0 代表其价值函数;另一种是持有货币,用 V_1 代表其价值函数。假设家户一定会交易,则有:

$$rV_1 = \sigma(1-M)[u(q)+V_0-V_1]+\delta+\dot{V}_1$$

$$rV_0 = \sigma M[-c(q)+V_1-V_0]+\dot{V}_0$$

其中, q 是商品的交易量。定义 $\Delta \equiv V_1-V_0$, 则:

$$\dot{\Delta} = r\Delta-\sigma(1-M)[u(q)-\Delta]+\sigma M[-c(q)+\Delta]-\delta$$

下面通过 Kalai 议价决定商品数量和价值函数的关系。对于交易中的消费者,其交易剩余为 $u(q)-\Delta$; 而对于生产者,其交易剩余为 $-c(q)+\Delta$。这个交易的总剩余为 $u(q)-c(q)$, 那么有:

$$u(q)-\Delta = \theta[u(q)-c(q)]$$

也就是:

$$\Delta = (1-\theta)u(q)+\theta c(q) \equiv g(q)$$

那么 $\dot{\Delta}=g'(q)\dot{q}$, 则:

$$g'(q)\dot{q} = rg(q)+[-\sigma(1-M)\theta+\sigma M(1-\theta)][u(q)-c(q)]-\delta$$

化简得到:

$$g'(q)\dot{q} = [r+\sigma M-(r+\sigma)\theta]u(q)-[\sigma M-(r+\sigma)\theta]c(q)-\delta \equiv e(q)$$

因为 $g'(q)>0$, 故而 $\dot{q}$ 和符号 $e(q)$ 相同。如果 $e(q)>0$, 则 $\dot{q}>0$; 如果

$e(q)<0$,则 $\dot{q}<0$。下面讨论 $e(q)$ 的性质,以理解经济中的稳态和动态。

这里定义两个参数:$A_u=r+\sigma M-(r+\sigma)\theta$, $A_c=\sigma M-(r+\sigma)\theta$。$e(q)=A_u u(q)-A_c c(q)-\delta$,其中 A_u 和 A_c 满足:

$$A_u>0 \quad \text{if} \quad \theta<\theta_u\equiv\frac{r+\sigma M}{r+\sigma}$$

$$A_c>0 \quad \text{if} \quad \theta<\theta_c\equiv\frac{\sigma M}{r+\sigma}$$

其中, $\theta_c\in(0,M)$, $\theta_u\in(M,1)$。这有助于看 $e(q)$ 一阶导和二阶导的符号,从而确定 $e(q)$ 的性质。$e(q)$ 的一阶导和二阶导分别是:

$$e'(q)=A_u u'(q)-A_c c'(q) \quad 和 \quad e''(q)=A_u u''(q)-A_c c''(q)$$

$e(q)$ 的单调性和凹凸性取决于 θ 的大小。下面把 θ 的定义域分为几个值域,分别加以讨论。显而易见的一个性质是 $e(0)=-\delta<e(\bar{q})=(A_u-A_c)u(\bar{q})-\delta$。这里忽略 $\theta=\theta_u$ 和 $\theta=\theta_c$ 这两种测度为 0 的取值。

第一种情况:$\boldsymbol{\theta\in(\theta_u,1]}$。

此时 $A_c<A_u<0$, 那么 $e'(q)$ 可正可负, $e''(q)<0$,故 $e(q)$ 是凹函数。当 q 趋近于 0 时,$u'(q)$ 远大于 $c'(q)$,则 q 趋近于 0 时,$e'(q)<0$,当 q 趋近于 $\bar{q}$ 时,$c'(q)$ 远大于 $u'(q)$,则 q 趋近于 $\bar{q}$ 时,$e'(q)>0$。当 δ 很大时,在值域上整条 $e(q)$ 曲线都在 0 之下,称为 $\delta>\bar{\delta}$。用图 5-1 表示此时经济中的动态。

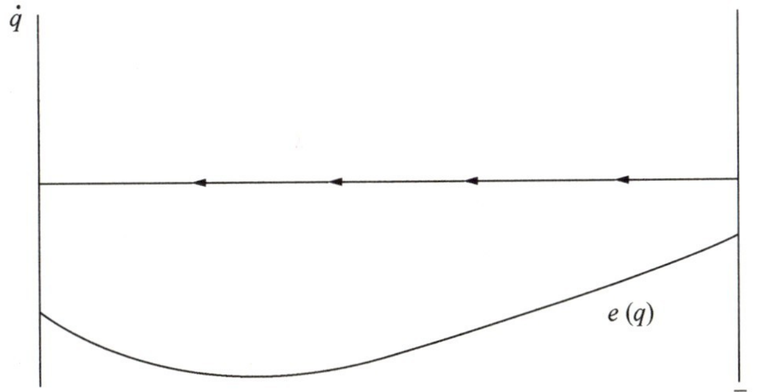

图 5-1 $\boldsymbol{\theta\in(\theta_u,1]}$, $\boldsymbol{\delta>\bar{\delta}}$

可以看出在整个 q 的值域上, $e(q)<0$,也就是说 $\dot{q}<0$。这个经济体不存在稳态均衡,但存在动态均衡。唯一的可能动态就是 q 不断变小,直到 0 这个边界;具体的表现是货币这种资产购买的商品越来越少,也就是货币市场发生了崩溃。

随着 δ 的减小,曲线 $e(q)$ 整体向上平移。下面来看 δ 较小但仍为正数的情形，这时整个经济的动态用图 5-2 表示。

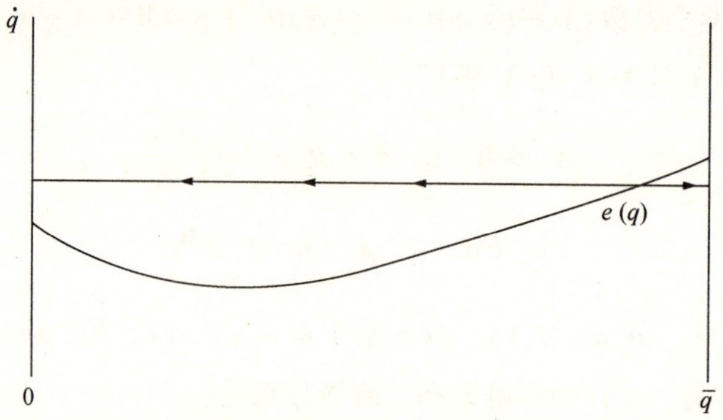

图 5-2　$\theta \in (\theta_u, 1]$，$\bar{\delta} > \delta > 0$

这时看出 $e(q)=0$ 有一个解，也就是经济中存在一个稳态均衡。但这个均衡是不稳定的，因为任何增大和减小的微扰都能使经济离均衡而去。当 q 小于均衡状态时，发生了和图 5-1 相同的市场崩溃。当 q 大于均衡状态时，q 是一直增加的，直到 q 的上限 $\bar{q}$。这时，货币兑换的 q 一直增加，故市场的状态是资产泡沫，直到上限为止，正如树长得再高也不能长到天上去。

接下来看 δ 进一步减小的情形，此时 $\delta=0$，货币为菲亚特货币，这时整个经济的动态用图 5-3 表示。

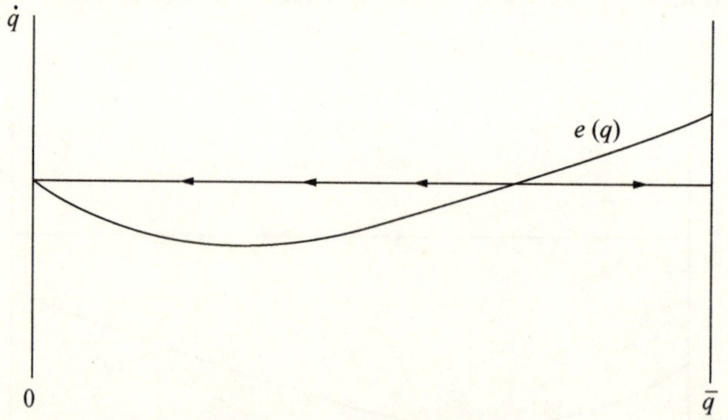

图 5-3　$\theta \in (\theta_u, 1]$，$\delta = 0$

这时显而易见经济中有两个均衡：一个零均衡和一个非零均衡。零均衡稳定而非零均衡不稳定。在两个均衡之间的值域，经济收敛到零均衡。大于非零均衡的值域为资产泡沫。

接下来看取负值的 δ，但 δ 没有小到交易不能进行，这时整个经济的动态用图 5-4 表示。

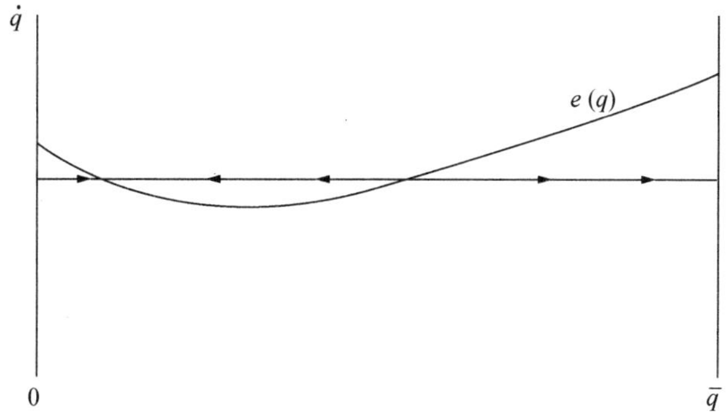

图 5-4 $\theta \in (\theta_u, 1]$, $\underline{\delta} < \delta < 0$

这时经济中有两个非零均衡状态,较大的均衡不稳定,而较小的均衡稳定。大于较大均衡的值域为资产泡沫。

最后来看 δ 非常小的情况,这时 $e(q)=0$ 没有解,那么市场上唯一存在的均衡就是资产泡沫,用图 5-5 表示。

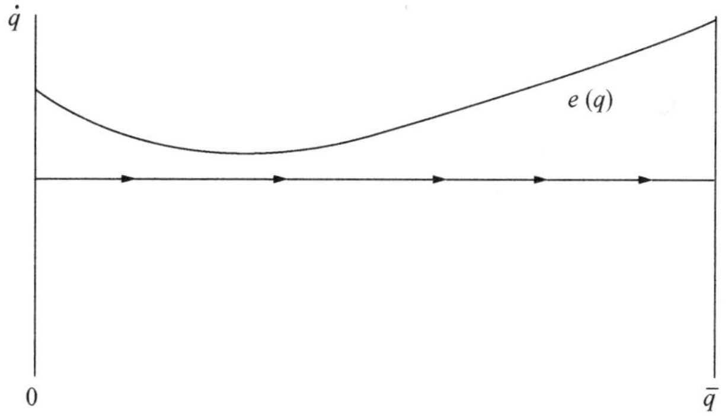

图 5-5 $\theta \in (\theta_u, 1]$, $\delta < \underline{\delta}$

这时资产的储存价值太差,只有经济存在泡沫才能支持交易的存在。以上就是第一种情况的讨论,接下来讨论第二种。

第二种情况:$\theta \in (\theta_c, \theta_u)$。

此时 $A_c < 0 < A_u$, 那么 $e'(q) > 0$,此时是 $e(q)$ 单调递增的。我们仍看 δ 非常大的情况,用图 5-6 表示。

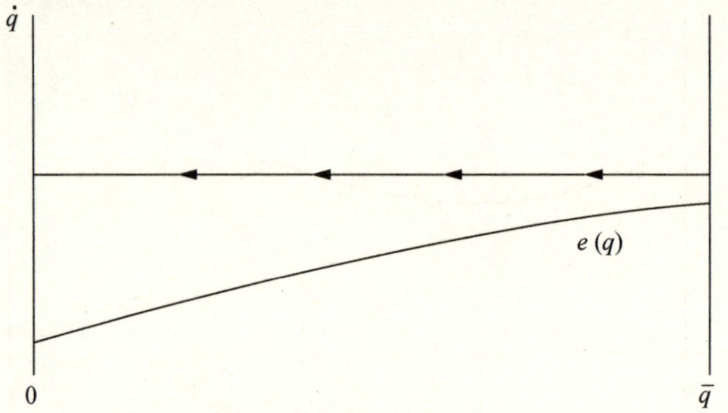

图 5-6　$\theta \in (\theta_c, \theta_u]$, $\delta > \bar{\delta}$

这时市场上没有稳态均衡,只有市场崩溃这一种状态。

接下来看 δ 较小但仍为正数的情形,用图 5-7 表示。

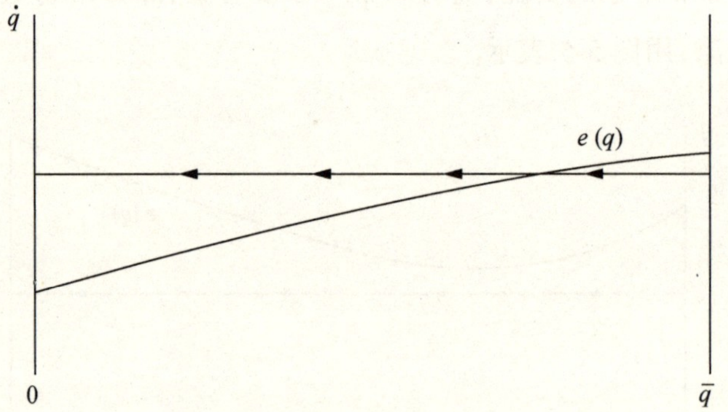

图 5-7　$\theta \in (\theta_c, \theta_u]$, $0 < \delta < \bar{\delta}$

可见经济中有一个稳态均衡,但均衡不稳定。小于均衡的值域为市场崩溃,大于均衡的值域为资产泡沫。

接下来看 $\delta = 0$ 的情形,用图 5-8 表示。

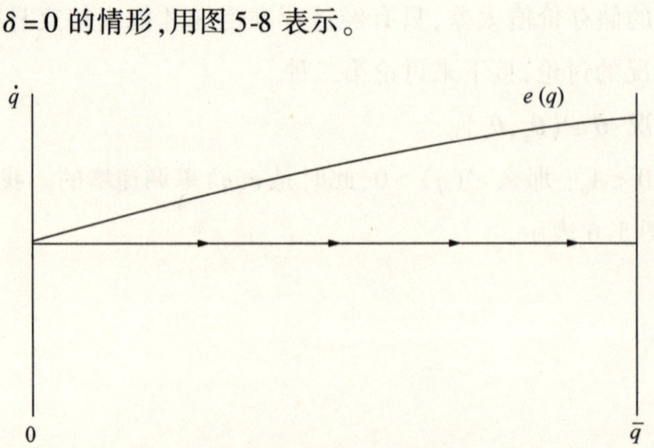

图 5-8　$\theta \in (\theta_c, \theta_u]$, $\delta = 0$

这时市场上有一个不稳定的零均衡，其他的值域为资产泡沫。

最后我们看 $\delta<0$ 的情形，用图 5-9 表示。

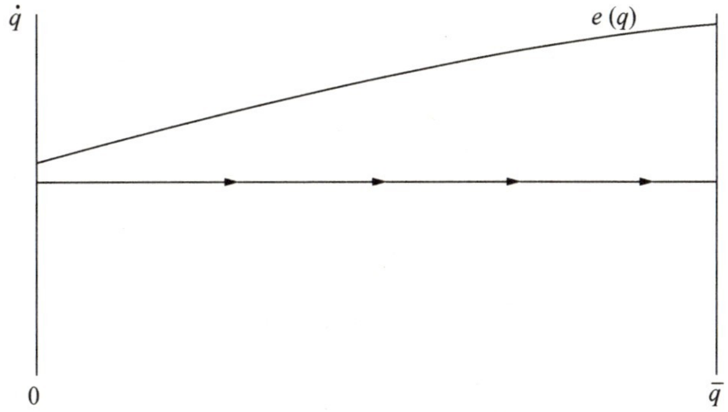

图 5-9　$\theta\in(\theta_c,\theta_u]$，$\delta<0$

这时整个经济只有资产泡沫。可以看出在这个议价参数下，市场没有高议价参数下稳定。

第三种情况：$\theta<\theta_c$。

此时有 $0<A_c<A_u$，那么 $e'(q)$ 可正可负，$e''(q)>0$，故 $e(q)$ 是凸函数。当 q 趋近于 0 时，$u'(q)$ 远大于 $c'(q)$，当 q 趋近于 $\bar{q}$ 时，$c'(q)$ 远大于 $u'(q)$，则 q 趋近于 0 时，$e'(q)>0$，则 q 趋近于 $\bar{q}$ 时，$e'(q)<0$。

首先看 δ 很大的情况，用图 5-10 表示。

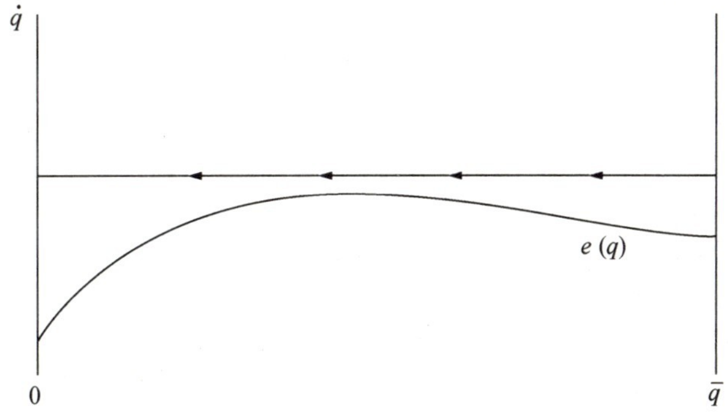

图 5-10　$\theta<\theta_c$，$\delta>\bar{\delta}$

可以看出这时没有稳态，只有市场崩溃。

随着 δ 的减小，会有一部分 $e(q)>0$，用图 5-11 表示这种情况。

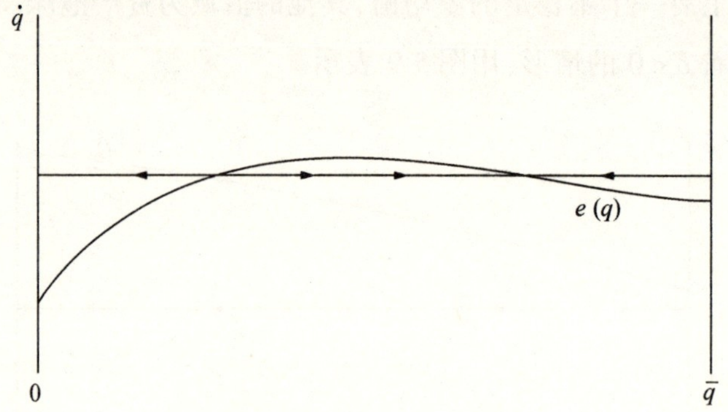

图 5-11　$\theta<\theta_c,\hat{\delta}<\delta<\bar{\delta}$

可以看出市场上有两个均衡解,小的均衡是不稳定的,而大的均衡是稳定的,在小均衡以下的值域是市场崩溃。

接下来看 δ 更小但仍为正数的情形,用图 5-12 表示。

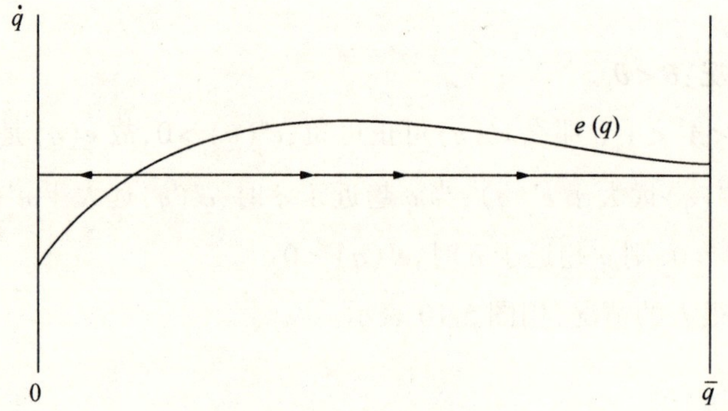

图 5-12　$\theta<\theta_c,0<\delta<\hat{\delta}$

这时市场上存在唯一的不稳定稳态均衡,其他的值域为市场崩溃或者资产泡沫。

接下来是 $\delta=0$ 的情况,用图 5-13 表示。

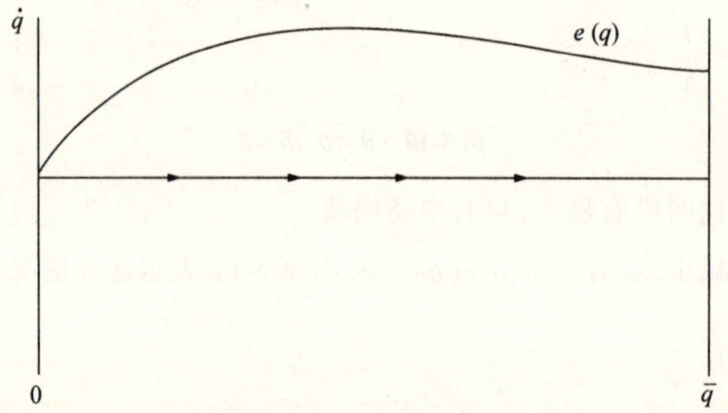

图 5-13　$\theta<\theta_c,\delta=0$

这时市场上有一个不稳定的零均衡,其他的都是资产泡沫。

最后是 $\delta<0$,用图 5-14 表示。

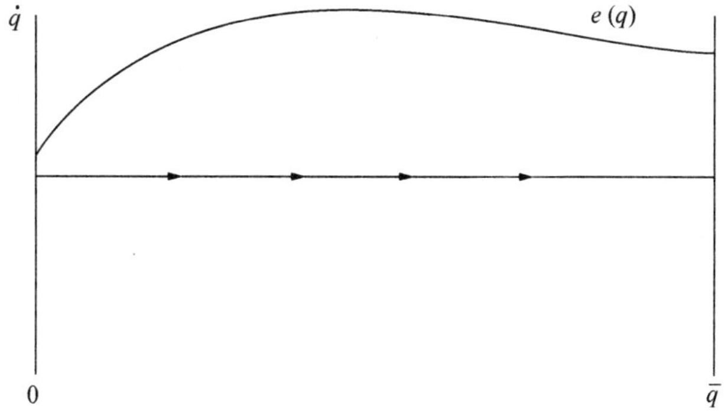

图 5-14 $\theta<\theta_c$,$\delta<0$

这时市场上只存在泡沫。

综合上述内容可以看出,即使是一个非常简单的模型,也会有市场崩溃、资产泡沫和稳态均衡几种情形。可以说货币的流动性天生会造成经济的不稳定。

课后作业》

用 Nash 议价重做 Shi-Trejos-Wright 模型,给出稳态均衡存在的必要条件。

参考文献》

1. Shi, S. , "Money and Prices: A Model of Search and Bargaining", *Journal of Economic Theory*, 1995, 67(2), 467-496.

2. Trejos, A. , and Wright, R. , "Search, Bargaining, Money, and Prices", *Journal of political Economy*, 1995, 103(1), 118-141.

3. Trejos, A. , and Wright, R. , "Search-based Models of Money and Finance: An Integrated Approach", *Journal of Economic Theory*, 2016, 164, 10-31.

第六讲
第三代货币模型——Lagos-Wright 模型

前面几讲介绍了第一代和第二代货币模型。这两代模型的特点是:第一代模型是商品和货币不可分,第二代模型是货币仍然不可分但商品可分。第一代模型虽然简单,但足以用来讨论很多非常重要的经济学直觉,比如货币的价值在于它的流动性,货币流通与否和它的持有成本息息相关等。第二代模型引入了不可分性,从而能够讨论资产和商品价格。我们利用第二代模型系统性地研究了市场上的稳态均衡,以及资产泡沫和市场崩溃等动态均衡。下面我们要涉及第三代模型,也就是货币和商品可分的模型。我们知道在货币可分的情况下,构建强调微观基础的货币模型的主要困难是如何避免货币分布。货币分布会使两两交易中穷人和富人有不同的交易条件。这种分布有着理论和现实的经济学含义,但会使货币模型没有解析解,只能借助计算机进行数值运算。因此,如何在货币和商品可分的假设下避免货币分布的出现是巧妙构建第三代模型的主要技术挑战。下面就来具体讲解货币搜寻理论的第三代模型——Lagos-Wright 模型。

6.1 模型设定

模型设定如下:

(1) 这是一个无限期的离散时间模型。折现率为β。每一期分别有离散市场(以下简称“DM”)和集中市场(以下简称“CM”)两个分期。分期之间无折现。这里DM在先,CM在后。这个先后顺序的假设不失一般性。DM上家户消费和生产商品q,如果消费的话有效用$u(q)$,如果生产的话有负效用(或理解为成本)$c(q)$。CM上消费和生产商品x。消费x的效用为$u(x)$(这里$u(q)$和$u(x)$可以不是同样的函数形式),x可以由劳动l一对一线性转化。一个代表性家户的偏好为$u(q)-c(q)+u(x)-l$,其中劳动l带来的负效用是线性的。整个CM的效用函数是拟线性的,这是Lagos-Wright模型最重要的假设。

(2) 在DM上,α是遇到另一个家户的概率,σ是单次巧合的概率,为了模型简便而忽略双重巧合。

(3) 下面着重讲述货币安排。由于DM上交易者都是匿名的,不存在记录技术,且家户之间是有限承诺的,因此家户和家户之间的DM交易需要货币这种交易媒介。央行决定市场的名义货币供给。货币增长速度为常数μ。货币的注入方式是在CM上通过总额注入(或抽出)的方式给每个家户。

这样模型设定就讲完了,下面看看家户在CM和DM上的价值函数。

6.2 价值函数

对于CM上的家户来说,他们进行这样的最优化:

$$W(m_t) = \max_{x_t, l_t, \widehat{m}_{t+1}} \{u(x_t) - l_t + \beta V(\widehat{m}_{t+1})\}$$

$$\text{s.t.} \quad x_t + \varphi_t \widehat{m}_{t+1} = \varphi_t m_t + l_t + T_t$$

其中,W是CM的价值函数,V是DM的价值函数。m_t是家户进入CM的货币持有量,这个变量是状态变量。家户在CM上做优化时的控制变量有$x_t, l_t, \widehat{m}_{t+1}$,分别指CM上商品$x$的消费量,劳动数量,以及为下一期DM准备的货币数量。T_t是CM上的真实货币转移支付(或税收)。φ_t是货币以x标定的价格。φ_t乘以相应的名义货币量即为真实货币量。有了CM的价值函数,可以求解这个最优化问题。其中一阶条件为:

$$x_t: u'(x_t) = 1$$

$$\widehat{m}_{t+1}: \beta V'(\widehat{m}_{t+1}) = \varphi_t$$

从一阶条件来看,两个参数$x_t, \widehat{m}_{t+1}$和历史m_t是无关的。

包络条件为：

$$W'(m_t) = \varphi_t$$

从包络条件可以得出，W 是 m_t 的线性方程，也就是 $W(m_t) = \varphi_t m_t + C$，其中 C 是常数项。

下面要搞清楚 $V(m_t)$ 的函数形式。假设家户在市场上遇到的交易对象的货币持有为 $\tilde{m}_t$，而 $\tilde{m}_t$ 的累积分布函数为 $F_t(\tilde{m}_t)$，那么 $V(m_t)$ 的函数形式为：

$$\begin{aligned} V(m_t) &= W(m_t) \\ &+ \alpha\sigma\int\{u[q(m_t,\tilde{m}_t)] + W(m_t - d_t(m_t,\tilde{m}_t)) - W(m_t)\}\mathrm{d}F_t(\tilde{m}_t) \\ &+ \alpha\sigma\int\{-c[q(\tilde{m}_t,m_t)] + W(m_t + d_t(\tilde{m}_t,m_t)) - W(m_t)\}\mathrm{d}F_t(\tilde{m}_t) \end{aligned}$$

其中，左边第一行是家户如果没有任何交易的价值，也就是把钱带到下一个 CM 花掉；第二行是家户如果作为买方所得到的价值；第三行是家户如果作为卖方所得到的价值。为了更好地理解上述等式，我们要解释一下两个参数 $q(m_t,\tilde{m}_t)$ 和 $d_t(m_t,\tilde{m}_t)$。DM 的交易条件由两个参数组成，分别是 DM 上商品的交易量 q 和 DM 上交易支付货币的数目 d_t。这两个参数都是买卖双方货币持有量的函数。拿 $q(m_t,\tilde{m}_t)$ 举例，括号中的第一个货币量是买方的货币持有，第二个货币量是卖方的货币持有。$q(m_t,\tilde{m}_t)$ 的经济学含义为：如果买方的货币持有量为 m_t，而卖方的货币持有量为 $\tilde{m}_t$，此时交易中 DM 上商品的数量为 $q(m_t,\tilde{m}_t)$。

由于 W 是 m_t 的线性方程，上述 $V(m_t)$ 简写为：

$$\begin{aligned} V(m_t) = W(m_t) &+ \alpha\sigma\int\{u[q(m_t,\tilde{m}_t)] - \varphi_t d_t(m_t,\tilde{m}_t)\}\mathrm{d}F_t(\tilde{m}_t) \\ &+ \alpha\sigma\int\{-c[q(\tilde{m}_t,m_t)] + \varphi_t d_t(\tilde{m}_t,m_t)\}\mathrm{d}F_t(\tilde{m}_t) \end{aligned}$$

定义 $q(m_t,\tilde{m}_t) = q_t$，$d_t(m_t,\tilde{m}_t) = d_t$。假设 DM 上的支付函数为 $v(q)$，$v(q)$ 是有效率(efficient)的，那么有以下关系：

$$q_t = \begin{cases} q^0 & \text{if} \quad \varphi_t d_t \geqslant v(q^0) \\ v^{-1}(\varphi_t d_t) & \text{if} \quad \varphi_t d_t < v(q^0) \end{cases}$$

其中，q^0 的定义是在名义利率为 0 时的 DM 消费。在这个模型中何为名义利率会在后文详细阐述。

一般情况下，我们知道 $\varphi_t d_t < v(q^0)$ 成立。消费者支付的钱不够买到 0 名义利率的消费量 q^0，这时消费者会把所有的钱花出去。这样就有 $d_t = m_t$，且 $v(q_t)$

$=\varphi_t m_t$。

那么 $V(m_t)$ 简写为：

$$V(m_t) = W(m_t) + \alpha\sigma\{u[q(m_t)] - \varphi_t d_t(m_t)\}$$
$$+ \alpha\sigma\int\{-c[q(\tilde{m}_t)] + \varphi_t d_t(\tilde{m}_t)\}\mathrm{d}F_t(\tilde{m}_t)$$

6.3 欧拉方程和稳态讨论

有了 DM 和 CM 的价值函数，就能进一步解出欧拉方程，从而讨论经济稳态。对 V 求导，得到以下等式：

$$V'(m_t) = \varphi_t + \alpha\sigma\left[u'(q_t)\frac{\partial q_t}{\partial m_t} - \varphi_t\right]$$

由 $v(q_t) = \varphi_t m_t$ 可知，$\frac{\partial q_t}{\partial m_t} = \frac{\varphi_t}{v'(q_t)}$，故而：

$$V'(m_t) = \varphi_t + \alpha\sigma\left[u'(q_t)\frac{\varphi_t}{v'(q_t)} - \varphi_t\right]$$

这里家户的决策不受市场上货币分布的影响，也就是通过 Lagos-Wright 模型的假设，货币分布没有出现。这和拟线性分布的假设息息相关。

结合 $\hat{m}_{t+1}$ 的一阶条件，有：

$$\beta\varphi_t\left\{1 + \alpha\sigma\left[\frac{u'(q_t)}{v'(q_t)} - 1\right]\right\} = \varphi_t - 1$$

对上式稍做变形，有：

$$\frac{\varphi_t - 1}{\beta\varphi_t} = 1 + \alpha\sigma\left[\frac{u'(q_t)}{v'(q_t)} - 1\right]$$

我们知道，$\frac{1}{\beta} = 1 + r$，$\frac{\varphi_t - 1}{\varphi_t} = 1 + \mu$，根据费雪方程式，定义 $1 + i = (1 + r)(1 + \mu)$。这里的 i 就是名义利率。它和货币增长速度（通货膨胀率）μ 是一一对应的。那么有：

$$i = \alpha\sigma\left[\frac{u'(q_t)}{v'(q_t)} - 1\right]$$

这就是我们要的欧拉方程，下面对其进行经济学解释。欧拉方程是家户的跨期决定式子，等号左边是家户持有 1 单位真实货币的机会成本（名义利率 i），右边是家户持有1单位真实货币的收益，其中$\alpha\sigma$是成为买方的概率，$v'(q_t)$是商品的边界价格，故而$1/v'(q_t)$是购买的商品数量，$u'(q_t)$是商品的边界效用。这样，$\frac{u'(q_t)}{v'(q_t)}$就是消费货币带来的边界效用。消费的成本就是消耗掉货币，而货币在未来CM上的边界效用为1，因为$u'(x_t)=1$。综上所述，$\alpha\sigma\left[\frac{u'(q_t)}{v'(q_t)}-1\right]$是家户持有1单位真实货币的收益，而收益的来源是DM上的商品交易。在货币经济学中，这就是$\alpha\sigma\left[\frac{u'(q_t)}{v'(q_t)}-1\right]$货币的影子价格或流动性溢价。

在稳态中，名义利率i和货币增长速度是一一对应的，是政府控制的政策变量。消费量q_t由i决定。上述结论假设$\varphi_t d_t < v(q^0)$成立。下面看一下$i=0$的情况。在经济学中，$i=0$的情况被称为弗里德曼法则，是由诺贝尔经济学奖获得者弗里德曼提出的最优货币政策。弗里德曼法则的想法非常简单和直接，既然所有货币经济学家都认为持有货币的成本就是名义利率i，那么为什么不把成本变为0呢？没有成本的交易媒介当然会大大地促进交易的发生从而增进福利。弗里德曼法则在很多理论情况下的确是最优的。在弗里德曼法则下，消费者的确会消费q^0，而q^0的数量由支付函数$v(q)$的具体形式决定。

6.4 福利分析

下面进行具体的福利分析。由家户的每期效用函数$u(q)-c(q)+u(x)-l$知道，社会福利与代表性家户在CM上的消费x、劳动l和在DM上的消费q有关，其中x对于每个家户是恒定值。劳动l的总量等于x的总量，因此q的大小决定了加总的社会福利。这个经济体中，最有效率的DM消费量q^*由以下等式决定：$u'(q^*)=c'(q^*)$。下面探讨什么样的经济条件下DM上的消费量会达到q^*。

这时需要探讨支付函数$v(q)$的具体形式对q的影响。在此探讨三个支付函数：Nash议价、Kalai议价和Rubinstein议价。假定Nash议价中买方的议价能力是θ，买方的交易剩余是$u(q_t)-\varphi_t d_t$，卖方的交易剩余是$-c(q_t)+\varphi_t d_t$。则Nash议价满足下面的表达式：

$$\max_{qt},d_t[u(q_t)-\varphi_t d_t]^\theta[-c(q_t)+\varphi_t d_t]^1-\theta$$

$$\text{s.t.}\quad d_t \leqslant m_t$$

因为 d_t 很容易是角点解，而 q_t 一定是内点解，故而对 q_t 求一阶导数，得到：

$$\varphi_t d_t = \frac{\theta u'(q_t)c(q_t) + (1-\theta)c'(q_t)u(q_t)}{\theta u'(q_t) + (1-\theta)c'(q_t)}$$

$\varphi_t d_t$ 就是支付函数 $v(q)$。对于 Nash 议价，得到 q^* 的充分条件是 $\theta=1, i=0$。

下面来看 Kalai 议价。假定 Kalai 议价中买方的议价能力仍然是 θ，买卖双方总的交易剩余是 $TS = u(q_t) - c(q_t)$，则买方的交易剩余满足：

$$u(q_t) - \varphi_t d_t = \theta \times TS = \theta[u(q_t) - c(q_t)]$$

则支付函数满足：

$$v(q_t) = \varphi_t d_t = (1-\theta)u(q_t) + \theta c(q_t)$$

那么 Kalai 议价下欧拉方程为：

$$i = \alpha\sigma\left[\frac{u'(q_t)}{(1-\theta)u'(q_t) + \theta c'(q_t)} - 1\right]$$

可以看到，随着 i 的增大，q 减小，$i=0$ 是 $q=q^*$ 的充分必要条件，也就是福利随着名义利率的增大而减小，弗里德曼法则下达到福利的最优。

最后看 Rubinstein 议价。这种议价也称 take-it-or-leave-it offer，也就是买方占有所有的议价能力，给出了卖方的保留价格。因此有：

$$v(q_t) = \varphi_t d_t = c(q_t)$$

那么欧拉方程为：

$$i = \alpha\sigma\left[\frac{u'(q_t)}{c'(q_t)} - 1\right]$$

故而我们也看到，随着 i 的增大，q 减小，$i=0$ 是 $q=q^*$ 的充分必要条件，弗里德曼法则也达到福利的最优。

综上所述，在第三代货币模型中不管支付函数是什么，弗里德曼法则都是最优货币政策的必要条件。这是由弗里德曼法则下没有持有成本的原理所决定。如果名义利率高于0，那么家户要支付货币持有成本，也就是所谓的通货膨胀。Lagos and Wright(2005)指出，在考虑货币搜寻的微观基础模型中，通货膨胀的成本可能是传统模型的10倍(Lucas, 2000)。

课后作业》

1. 在 Lagos-Wright 模型中，家户有可能是买方，也有可能是卖方，买卖双方的类型是不确定的。现在考虑 Lagos-Wright 模型的一个变形，也就是 Rocheteau and Wright (2005)，买卖双方的类型是固定的。买方的效用是 $u(q)$ +

$u(x)-l$,卖方的效用是 $-c(q)+u(x)-l$。其他假设不变。推导出新的欧拉方程并与 Lagos-Wright 模型的欧拉方程做比较。

2. 证明当支付函数是 Nash 议价时,得到 q^* 的充分条件是 $\theta=1, i=0$。

参考文献》

1. Lagos, R., and Wright, R., "A Unified Framework for Monetary Theory and Policy Analysis", *Journal of Political Economy*, 2005, 113(3), 463-484.

2. Lucas, R., "Inflation and Welfare", *Econometrica*, 2000, 68(2), 247-274.

3. Rocheteau, G., and Wright, R., "Money in Search Equilibrium, in Competitive Equilibrium, and in Competitive Search Equilibrium", *Econometrica*, 2005, 73(1), 175-202.

第七讲
不可分商品的信用和货币均衡

前几讲介绍了三代货币模型,第一代模型是不可分的货币和商品,第二代模型是不可分的货币和可分的商品,第三代模型是可分的商品和货币。这里显然有个逻辑空白没有研究,就是可分的货币和不可分的商品。我们就在这一讲填补这个空白。这不但是一个关于剩余逻辑可能性的数学练习,而且有重要的经济学含义。事实上,许多商品都是不可分割的,连续可分性往往是为了简化分析而设定的抽象,而不是基于现实。在这一讲,我们要认真对待不可分性,并展示它在两两交易中的重要性。为了和第二代模型进行对比,假设消费者只消费 1 单位商品,研究信用和货币两种支付手段下的均衡。本文的内容多来自 Han et al. (2016)。

7.1 模型设定

模型设定如下:

(1) 这是一个无限期的离散时间模型。折现率为 β。每一期分别有 DM 和 CM 两个分期。分期之间无折现。这里 DM 在先,CM 在后。这个先后顺序的假设不失一般性。

(2) DM 上有两种经济参与者：家户和厂商。这种类型是恒定的，因此这一讲采用的是 Rocheteau and Wright(2005)的设定。家户的数量是无穷多的连续变量，其测度为1。厂商的数量也是测度为 1 的无穷多连续变量。家户的测度为 N。但市场上活跃的家户 n 可以小于或等于 N。家户是买方，厂商是卖方。

(3) 买方一期内的偏好由 $U(x)-h+u1$ 给出，其中 x 是 CM 消费，h 是 CM 劳动，u 是 DM 消费不可分商品的信用。1 是一个指示函数。如果交易发生函数值为 1，卖方的偏好是 $U(x)-h-c1$，c 为 DM 的恒定成本生产。这里假设 $u>c$，此外 x 是 CM 的一般等价物。假设 x 能一对一地由劳动 h 转化。

(4) DM 上的交易意味着价格和数量的集合(p,q)，其中 $p\leqslant L$。L 是经济中的流动性上限，它在信用和货币中有着不同的定义。

(5) 在 DM 上，交易发生的概率遵循一个一般的匹配技术。这个技术是一次齐次的，给定买方/卖方比率 $n\leqslant N$，卖方交易的概率为 $\alpha(n)$。$\alpha(n)$ 为凹函数，满足常见的假设。有了这些假定，我们分别研究信用和货币均衡。

7.2 信　用

接下来我们考察一个有承诺非匿名的经济体，在这里记录保存和惩罚机制是可行的。在这种经济环境下，货币是不必要的，买卖双方凭信用交易。假设有一个外生信贷约束 $p\leqslant D$，其中 p 是商品的实际价格，而流动性约束 $L=D>0$。那么买方在 CM 上获得的效用为：

$$W_t^b(d) = \max_{x,h}\{U(x) - h + \beta V_{t+1}^b\}$$

$$\text{s.t.}\quad x = h - d$$

其中，d 为买方的 DM 债务。如果 $V_{t+1}^b\geqslant 0$，买方参与 DM。利用预算约束消除 h 得到 x 的最优解 x^*，则：

$$W_t^b(d) = \Sigma - d + \beta V_{t+1}^b$$

其中
$$\Sigma = U(x^*) - x^*$$

对于买方：

$$W_t^s(d) = \max_{x,h}\{U(x) - h + \beta V_{t+1}^s\}$$

$$\text{s.t.}\quad x = h + d$$

同样可简化为：

$$W_t^s(d) = \Sigma + d + \beta V_{t+1}^s$$

买方参与市场的条件为 $V_{t+1}^s \geqslant 0$,买方在 DM 上的收益为:

$$V_t^b = \frac{\alpha(N)}{N}[u + W_t^b(p)] + \left[1 - \frac{\alpha(N)}{N}\right]W_t^b(0)$$

买方会使用的信用额度为支付 p,获得效用 u。利用 W 的线性性质将上述等式简化,得到以下等式:

$$V_t^b = W_t^b(0) + \frac{\alpha(N)}{N}(u - p) \quad 和 \quad V_t^s = W_t^s(0) + \alpha(N)(p - c)$$

7.2.1 议价

如果买方和卖方相遇,他们采用 Nash 议价:

$$\max_p (u - p)^\eta (p - c)^1 - \eta$$

那么有以下定理:

定理 1 在信用和议价经济中,如果 $c \leqslant D$,那么存在唯一的稳定均衡。均衡价格 p^B 为:

$$p^B = \begin{cases} \bar{p}^B & \text{if} \quad D > \bar{p}^B \\ D & \text{if} \quad D \leqslant \bar{p}^B \end{cases}$$

其中,$\bar{p}^B = (1 - \eta)u + \eta c$。

在信用环境中所有买方都参与市场,这和之后引入货币的情况有所不同。

7.2.2 竞争性均衡

定向搜寻和价格公布也称竞争性均衡。我们采用 Rocheteau and Wright (2005)的框架。在这个框架下 DM 不是一个单一的市场,而是存在多个子市场,每个子市场有各自的买卖双方数量和价格。卖方对于价格是有承诺的,这个承诺买方知道,并根据承诺选择进入对自己收益最大的子市场。为简便起见,假设卖方只能生产 1 个商品。如果多于一个买方出现,卖方会以相同的概率随机抽取一个买方出售。用 n 代表子市场的买方/卖方比率,P 代表真实价格。

那么买方在 CM 上的收益为:

$$W_t^b(d) = \Sigma - d + \beta \max_{\hat{p},\hat{n}} \left\{ \frac{\alpha(\hat{n})}{\hat{n}}(u - \hat{p}) + W_{t+1}^b(0) \right\}$$

其中，$\hat{p},\hat{n}$ 是 $t+1$ 期的选择，卖方在 DM 上收益为：

$$V_t^s = W_t^s(0) + \max_{n,p} \alpha(n)(p-c)$$

用 Ω 代表买方的 DM 预期效用，则卖方求解下列方程：

$$\max_{n,p} \alpha(n)(p-c)$$

$$\text{s.t.} \quad \frac{\alpha(n)}{n}(u-p) \geqslant \Omega,\ p \leqslant D$$

消去 p，得到：

$$\max_n \left[u - c - \frac{n\Omega}{\alpha(n)}\right]$$

$$\text{s.t.} \quad u - \frac{n\Omega}{\alpha(n)} \leqslant D$$

那么有以下定理：

定理 2 在信用和竞争性搜寻中，如果 $c \leqslant D$，那么存在唯一的稳定均衡，均衡价格 p^c 为：

$$p^B = \begin{cases} \bar{p}^c & \text{if} \quad D > \bar{p}^c \\ D & \text{if} \quad D \leqslant \bar{p}^c \end{cases}$$

其中，$\bar{p}^c = [1-\varepsilon(n)]u + \varepsilon(n)c, n = N$。

如果满足 $\varepsilon(N) = \eta$，那么竞争性搜寻和议价的结果是一样的。

7.3 货　　币

现在考虑货币经济。假设 DM 上人和人之间没有信任和违约惩罚机制，故而买方必须支付现金。用 M_t^s 代表 t 期货币的总供给，γ 为货币增长速度，它是一个常数。货币供应的改变由 CM 上对买方的转移支付完成。名义利率由费雪方程 $1+i=\gamma/\beta$ 给出，用 ϕ_t 表示货币价格，则经济中可得的流动性为 $L=\varphi_t m_t$。由于携带货币的成本未必会被参与 DM 的收益覆盖，用 n 表示 DM 活跃的买方数目。

买方在 CM 上求解以下等式：

$$W_t^b(m) = \max_{x,h,\hat{m}} \{U(x) - h + \beta V_{t+1}^b(\hat{m})\}$$

$$\text{s.t.} \quad x = \phi_t(m+T) + h - \phi_t \hat{m}$$

其中，$\hat{m}$ 为持有到下一期 DM 的货币，T 表示转移支付。从上述等式消去 h，可得：

$$W_t^b(m) = \Sigma + \phi_t(m+T) + \max_{\hat{m}}\{\beta V_{t+1}^b(\hat{m}) - \varphi_t \hat{m}\}$$

卖方不持有货币，因此 $W_t^b(m) = \Sigma + \phi_t m + \beta V_{t+1}^s$ 代表卖方的 CM 价值。

买方的 DM 回报为：

$$V_t^b(m) = \frac{\alpha(n)}{n}\left[u + W_t^b\left(m - \frac{p}{\phi_t}\right)\right] + \left[1 - \frac{\alpha(n)}{n}\right]W_t^b(m)$$

如果买方交易，他支出 p 得到 u。由于线性，可得到下列等式：

$$V_t^b(m) = W_t^b(m) + \frac{\alpha(n)}{n}(u - p)$$

$$V_t^s = W_t^s(0) + \alpha(n)(p - c)$$

下面看一下议价问题。

议价问题为：

$$\max_p (u-p)^{\eta}(p-c)^{1-\eta}$$

$$\text{s.t.} \quad p \leqslant \varphi m,\ u - p \geqslant 0,\ p - c \geqslant 0$$

当 $\gamma < \beta$ 时，货币是有持有成本的，此时 $p = \phi m$ 且 $c \leqslant \phi m \leqslant \bar{p}^B$。那么，$p^B \in [c, \bar{p}^B]$ 都是潜在的解。将 $V_{t+1}^b(m)$ 代入 $W_t^b(m)$，CM 价值函数转化为：

$$W_t^b(m) = \Sigma + \phi_t(m+T) + \beta W_{t+1}^b(0) +$$

$$\max_{\hat{m} \in \underline{m}, \bar{m}} \beta\left\{\frac{\alpha(n)}{n}(u - \varphi_{t+1}\hat{m}) - i\phi_{t+1}\hat{m}\right\}$$

其中，$\bar{m} = \dfrac{\bar{p}^B}{\phi_{t+1}}$，$\underline{m} = \dfrac{c}{\phi_{t+1}}$。因买方的收益随货币持有增加而下降，故买方的选择是 $\phi_{t+1}\hat{m} = c$。这里买方只持有能仅支付成本 c 的货币，使均衡和要么卖、要么离开的结果一致。

均衡状态下，所有买方都应是理性参与，定义

$$v(\hat{m}) = \frac{\alpha(n)}{n}(u - \phi_{t+1}\hat{m}) - \mathrm{i}\phi_{t+1}\hat{m}$$

那么买方的自由参与条件是 $v(\underline{m}) = 0$，这表明：

$$i = \frac{\alpha(n)}{n}\frac{(u-c)}{c} = \Psi(n)$$

所以，名义利率决定了买方参与量的多少。更高的 i 会导致更少的买方参与。给出以下定义 $\bar{i}^N = \Psi(N)$，$\bar{i}^B = (u-c)/c$，那么有以下定理：

定理 3 在货币和议价中：(1) 如果 $i \leqslant \bar{i}^N$，存在一个稳态货币均衡，$n^* = N$；

(2) 如果 $i \in (\bar{i}^N, \bar{i}^B)$,存在唯一的稳态均衡, $n^* < N$;(3) 如果 $i \geqslant \bar{i}^B$,不存在稳态均衡。

下面讨论货币和议价均衡。均衡中的货币余额仅取决于 c,而不取决于议价能力或名义汇率 i。买方首先行动,持有卖方所能接受的最低额度 c。名义利率对于 DM 中的实际价格、余额和货币真实价值没有影响。对于情况(1),所有买方参与市场,总产出也不受利率影响,这时货币是超中性的;对于情况(2),当 i 增加时,n 下降,买方交易更快,这就是"烫手山芋"效应。

当利率为 0,也就是弗里德曼法则成立时,货币经济与本书第三讲第 3.1 节中的信贷经济相当,当然 DM 价格不同。在货币经济中,即使利率为 0,买方也只携带能支付保留价格 c 的货币,从而最大化交易剩余。如定理 1 所示,信用均衡价格几乎总高于 c。这是因为当存在外生的信用上限时,买方没有能力有效提前承诺只支付 c。

7.4 彩票支付

现在考虑彩票支付。因为彩票支付通常在非凸经济中有效率,我们不失一般性地只考虑商品以概率 τ 生产,那么有着彩票支付的议价问题变为:

$$\max_p (\tau u - p)^{\eta} (p - \tau c)^{1-\eta}$$

$$\text{s.t.} \quad p \leqslant \phi m,\ \tau u \geqslant p \geqslant \tau c,\ \tau \leqslant 1$$

那么有以下引理:

引理 1 有彩票支付的议价问题的解为:

$$(p^B, \tau^B) = \begin{cases} (\bar{p}^B, 1) & \text{if} \quad \phi m > \bar{p}^B \\ (\phi m, 1) & \text{if} \quad \underline{p}^B \leqslant \phi m \leqslant \bar{p}^B \\ \left(\phi m, \dfrac{\phi m}{\underline{p}^B}\right) & \text{if} \quad c \leqslant \phi m \leqslant \underline{p}^B \\ (0,0) & \text{if} \quad \phi m < c \end{cases}$$

其中,$\bar{p}^B = \eta c + (1-\eta) u$, $\underline{p}^B = uc/(\eta u + (1-\eta) c)$。

我们还知道买方的 CM 回报是:

$$W_t^b(m) = \Sigma + \phi_t(m+T) + \beta W_{t+1}^b(0) + \beta\left\{\frac{\alpha(n)}{n}(\tau^B u - p^B) - \mathrm{i}p^B\right\}$$

那么有以下定理：

定理 4 在有彩票支付的货币和议价中：(1) 如果 $i \leqslant \bar{i}^N$，存在一个稳态货币均衡，$\phi_{t+1}\hat{m} = \underline{p}^B$，$\tau^B = 1$，$n^* = N$；(2) 如果 $i \in (\bar{i}^N, \bar{i}^B)$，存在唯一的稳态均衡，$\phi_{t+1}\hat{m} = \underline{p}^B$，$\tau^B = 1$，$n^* < N$；(3) 如果 $i \geqslant \bar{i}^B$，不存在稳态均衡。

下面讨论这种均衡。第一，对于情况(1)，货币仍然是超中性的。对于情况(2)，货币不是超中性的，n^* 随着 i 变化。对于情况(1)和情况(2)，支付都是 $\underline{p}^B$。第二，彩票支付有利于卖方。有了彩票这一选项，卖方的交易剩余从原来的 0 变为现在的 $\underline{p}^B - c$。这是因为彩票使买方必须带足货币以便卖方生产。第三，引入彩票使均衡存在的参数范围缩小。第四，引入彩票使阈值 $\bar{i}^N$，$\bar{i}^B$ 和议价能力相关联。第五，τ^B 不随议价能力和利率改变。这一讲在不可分商品和可分货币的设定下，彩票的引入只和价格有关，和整体福利无关。这与可分商品和不可分货币的结果是不同的。

7.5 竞争性搜寻

在竞争性搜寻下，买方的 DM 价值函数是：

$$V_t^b(p,m) = \frac{\alpha(n)}{n}[u-p] + W_t^b(m)$$

买方的 CM 价值函数是：

$$W_t^b(m) = \Sigma + \phi_t(m+T) + \beta W_{t+1}^b(0) + \max_{\hat{m},p,n}\beta\left\{\frac{\alpha(n)}{n}(u-p) - \mathrm{i}\phi_{t+1}\hat{m}\right\}$$

我们知道，如果 $i>0$，$p=\phi_{t+1}\hat{m}$，那么，买方最大化为：

$$\max_{n,p}\alpha(n)(p-c)$$

$$\text{s.t.}\quad \frac{\alpha(n)}{n}(u-p) - \mathrm{i}p \geqslant \Omega$$

或者

$$\max_n \pi(n) = \alpha(n)\left[\frac{\alpha(n)u - n\Omega}{\alpha(n)+ni} - c\right]$$

那么卖方的最优价格为：

$$p^C(i) = \frac{\alpha(n^*)\{[1-\varepsilon(n^*)]u + \varepsilon(n^*)c\} + \varepsilon(n^*)n^*ic}{\alpha(n^*) + \varepsilon(n^*)n^*i}$$

其中，n^* 是均衡的买方卖方比，由以下自由参与条件决定：

$$\frac{\alpha(n^*)}{n^*}(u - p^C(i)) - ip^C(i) \geqslant 0$$

和议价不同的是，$p^C(i)$ 随着 i 改变而改变，也与 n^* 相关。这样我们就系统性地研究了可分货币和不可分商品。我们知道，商品的不可分性会给均衡结果带来一系列新的影响。

课后作业》

在可分货币和不可分商品的情况下，如果采用价格公布而不是议价或竞争性均衡，会不会存在多重均衡？

参考文献》

1. Han, H., Julien, B., Petursdottir, A., and Wang, L., "Equilibrium Using Credit or Money with Indivisible Goods", *Journal of Economic Theory*, 2016, 166, 152-163.

2. Rocheteau, G., and Wright, R., "Money in Search Equilibrium, in Competitive Equilibrium, and in Competitive Search Equilibrium", *Econometrica*, 2005, 73(1), 175-202.

第八讲
银行——Berentsen-Camera-Waller 模型

银行是一个复杂的制度安排，这一讲着重于银行的一个功能——分配经济中的流动性。这一讲主要介绍 Benrentsen et al. (2007) 中的银行模型（以下简称“BCW 模型”）。BCW 模型需要的是可分的货币和商品，因此是建立在 Lagos-Wright 模型的基础上的。

8.1 模型设定

模型设定如下：

（1）这是无限期的离散时间模型。折现率为 β。家户的测度为 1。每一期家户经历金融市场（以下简称“FM”）、DM 和 CM 三个分期。分期之间无折现。这里 FM 在先，DM 在中，CM 在后。DM 上家户消费和生产商品 q，如果消费的话有效用 $u(q)$，如果生产的话有负效用（或理解为成本）$c(q)$。CM 上家户消费和生产商品 x。消费 x 的效用为 $u(x)$（这里 $u(q)$ 和 $u(x)$ 可以是不同的函数形式），x 可以由劳动 l 一对一线性转化。一个代表性家户的偏好为 $u(q)-c(q)+u(x)-l$，其中劳动 l 带来的负效用是线性的。

（2）DM 和 CM 的设定和 Lagos-Wright 模型相同，关键是 FM。在 FM 初期，

家户以概率 κ 收到消费 q 的信息冲击。如果接到信号,家户愿意消费;否则,家户不愿消费。这时愿意消费的称为消费者,简称为 c;不愿消费的称为非消费者,简称为 n。那么 c 就是潜在的借款者,n 是潜在的出借者。FM 市场存在有限承诺和无交易记录的限制,n 不会直接把钱借给 c,这时就需要中介者,称为 b,也就是银行。这里假设银行有催收贷款并把贷款还给储户的能力。银行的存款利率为 i_t^d,贷款利率为 $i_t^l \geq i_t^d$。假设没有准备金,银行通过利差来赢利。单个银行的运营成本为 k。银行的测度由自由进入条件决定。储户和借款者在 FM 上找到银行的概率为 1。

(3) 在 DM 上,α 是遇到另一个家户的概率,σ 是单次巧合的概率。为了模型简便而忽略双重巧合。

(4) BCW 模型中的货币安排和 Lagos-Wright 模型相同。由于 DM 上交易者都是匿名的,不存在记录技术,且家户之间是有限承诺的,故而家户和家户之间的 DM 交易需要货币这种交易媒介。央行决定市场的名义货币供给。货币增长速度为常数 μ。货币的注入方式是在 CM 上通过总额注入(或抽出)的方式给每个家户。

这样模型设定就讲完了,下面来看家户在 CM、DM 和 FM 上的价值函数。

8.2 价值函数和欧拉方程

对于 CM 上的家户来说,他们进行这样的最优化:

$$W(m_t, d_t) = \max_{x_t, l_t, \hat{m}_t+1} \{u(x_t) - l_t + \beta U(\hat{m}_t + 1)\}$$

s. t.
$$x_t + \phi_t \hat{m}_{t+1} = \varphi_t m_t + l_t - d_t + T_t$$

其中,W 是 CM 的价值函数,U 是 FM 的价值函数,m_t 是家户进入 CM 时的货币持有量,d_t 是家户进入 CM 时的真实债务。这两个变量是状态变量。由于家户的拟线性效用,家户会在 CM 上还清债务 d_t。家户在 CM 上优化时的控制变量有 $x_t, l_t, \hat{m}_{t+1}$ 三个,分别是 CM 上商品 x 的消费量,劳动数量,以及为下一期 DM 准备的货币数量。T_t 是 CM 中的真实货币转移支付(或税收)。φ_t 是货币以 x 标定的价格。φ_t 乘以相应的名义货币量即为真实货币量。有了 CM 的价值函数,可以求解这个最优化问题,其中一阶条件为:

$$x_t : u'(x_t) = 1$$

$$\widehat{m}_{t+1}:\beta U'(\widehat{m}_t+1)=\varphi_t$$

从一阶条件来看,两个参数 $x_t,\widehat{m}_{t+1}$ 和历史 m_t 是无关的。

包络条件为:

$$W_1(m_t,d_t)=\varphi_t$$

$$W_2(m_t,d_t)=-1$$

从包络条件可以得出 W 是 m_t 和 d_t 的线性方程,也就是 $W(m_t,d_t)=\varphi_t m_t-d_t+C$,其中 C 是常数项。

下面要搞清楚 $U(m_t)$ 的函数形式。在 FM 上, $U(m_t)$ 满足:

$$U(m_t)=\kappa U^c(m_t)+(1-\kappa)U^n(m_t)$$

其中, $U^c(m_t)$ 是消费者 c 的 FM 价值, $U^n(m_t)$ 是非消费者 n 的 FM 价值。消费者 c 进行以下的最大化:

$$U^c(m_t)=\max_{m_t^b}\{V(m_t+m_t^b)-(1+i_t^l)\varphi_t m_t^b\}$$

其中, m_t^b 是 c 从银行借出的名义货币,在同期的 CM 归还 $(1+i_t^l)\varphi_t m_t^b$ 的真实货币量。对上述等式求一阶条件,得到:

$$V'(m_t+m_t^b)=(1+i_t^l)\varphi_t$$

对于 DM,假设家户在市场上遇到的交易对象的货币持有为 $\tilde{m}_t$,而 $\tilde{m}_t$ 的累积分布函数为 $F_t(\tilde{m}_t)$,那么 $V(m_t)$ 的函数形式为:

$$V(m_t)=W(m_t)+\alpha\sigma\int\{u[q(m_t,\tilde{m}_t)]+W(m_t-d_t(m_t,\tilde{m}_t))-W(m_t)\}\mathrm{d}F_t(\tilde{m}_t)$$

$$+\alpha\sigma\int\{-c[q(\tilde{m}_t,m_t)]+W(m_t+d_t(\tilde{m}_t,m_t))-W(m_t)\}\mathrm{d}F_t(\tilde{m}_t)$$

这和 Lagos-Wright 模型的函数形式相同。由于 W 是 m_t 的线性方程,上述 $V(m_t)$ 简写为:

$$V(m_t)=W(m_t)+\alpha\sigma\int\{u[q(m_t,\tilde{m}_t)]-\varphi_t d_t(m_t,\tilde{m}_t)\}\mathrm{d}F_t(\tilde{m}_t)$$

$$+\alpha\sigma\int\{-c[q(\tilde{m}_t,m_t)]+\varphi_t d_t(\tilde{m}_t,m_t)\}\mathrm{d}F_t(\tilde{m}_t)$$

定义 $q(m_t,\tilde{m}_t)=q_t$, $d_t(m_t,\tilde{m}_t)=d_t$。假设 DM 上的支付函数为 $v(q)$。$v(q)$ 是有效率的,那么就有以下关系:

$$q_t=\begin{cases}q^0 & \text{if}\quad \varphi_t d_t\geqslant v(q^0)\\ v^{-1}(\varphi_t d_t) & \text{if}\quad \varphi_t d_t<v(q^0)\end{cases}$$

其中, q^0 的定义是在名义利率为 0 时的 DM 消费。在这个模型中何为名义利率,下面进行详细阐述。

一般情况下，我们知道 $\varphi_t d_t < v(q^0)$ 成立。消费者支付的钱不够买到 0 名义利率的消费量 q^0，这时消费者会把所有的钱都花出去。这样有 $d_t = m_t$，且 $v(q_t) = \varphi_t m_t$，$V(m_t)$ 简写为：

$$V(m_t) = W(m_t) + \alpha\sigma\{u[q(m_t)] - \varphi_t d_t(m_t)\} + \alpha\sigma\int\{-c[q(\tilde{m}_t)] + \varphi_t d_t(\tilde{m}_t)\}\mathrm{d}F_t(\tilde{m}_t)$$

那么有以下等式：

$$V'(m_t) = \varphi_t + \alpha\sigma\left[u'(q_t)\frac{\partial q_t}{\partial m_t} - \varphi_t\right]$$

由 $v(q_t) = \varphi_t m_t$，可知 $\dfrac{\partial q_t}{\partial m_t} = \dfrac{\varphi_t}{v'(q_t)}$，故而：

$$V'(m_t) = \varphi_t + \alpha\sigma\left[u'(q_t)\frac{\varphi_t}{v'(q_t)} - \varphi_t\right]$$

定义 $v(q_t^b) = \varphi_t m_t + \varphi_t m_t^b$，也就是消费者拿自己的钱和从银行借的钱买到数量为 q_t^b 的商品。

有：

$$\alpha\sigma\left[\frac{u'(q_t^b)}{v'(q_t^b)} - 1\right] = i_t^l$$

这样就知道了 c 在银行的借款量。

另外的家户是非消费者 n，他们决定对银行的借出量 m_t^b 为：

$$U^n(m_t) = \max_{m_t^b \leq m_t}\{W(m_t - m_t^b, 0) + (1 + i_t^d)\varphi_t m_t^b - W(m_t)\}$$

对于非负的存款利率 i_t^d，n 会取角点解 $m_t^b = m_t$，故而：

$$U^n(m_t) = W(0,0) + (1 + i_t^d)\varphi_t m_t$$

有了 $U^c(m_t)$ 和 $U^n(m_t)$ 两个表达式，就可以取 $U(m_t)$ 的一阶条件，有：

$$U'(m_t) = \kappa U^{c'}(m_t) + (1-\kappa)U^{n'}(m_t)$$

也就是：

$$U'(m_t) = \kappa\left\{\varphi_t + \alpha\sigma\left[\frac{u'(q_t^b)}{v'(q_t^b)}\varphi_t - \varphi_t\right]\right\} + (1-\kappa)(1 + i_t^d)\varphi_t$$

再加上一阶条件 $\beta U'(\widehat{m}_{t+1}) = \varphi_t$，有：

$$\frac{\varphi_t - 1}{\beta\varphi_t} = 1 + \kappa\alpha\sigma\left[\frac{u'(q_t^b)}{v'(q_t^b)} - 1\right] + (1-\kappa)i_t^d$$

我们知道，$\frac{1}{\beta}=1+r$，$\frac{\varphi_{t-1}}{\varphi_t}=1+\mu$，根据费雪方程式，定义 $1+i=(1+r)(1+\mu)$，那么有：

$$i=\kappa\alpha\sigma\left[\frac{u'(q_t^b)}{v'(q_t^b)}-1\right]+(1-\kappa)i_t^d$$

其中，等式左边是货币的持有成本，右边是货币的收益。有了欧拉方程，下面进行福利分析，探讨银行如何改进福利。

8.3 银行的福利分析

为了和有银行的系统进行比较，先看没有银行体系的均衡和福利情况。如果没有银行，有：

$$U(m_t)=\kappa V(m_t)+(1-\kappa)W(m_t)$$

对 $U(m_t)$ 求一阶导数，我们知道：

$$U'(m_t)=\kappa\left\{\varphi_t+\alpha\sigma\left[\frac{u'(q_t)}{v'(q_t)}\varphi_t-\varphi_t\right]\right\}$$

那么有：

$$\frac{\varphi_{t-1}}{\beta\varphi_t}=1+\kappa\alpha\sigma\left[\frac{u'(q_t)}{v'(q_t)}-1\right]$$

进而有：

$$i=\kappa\alpha\sigma\left[\frac{u'(q_t)}{v'(q_t)}-1\right]$$

有了这个欧拉方程，开始分析有银行和没有银行两种体系的福利比较。因为所有人的 CM 消费 x 和劳动总量 l 是恒定的，故而福利水平完全由 q_t 决定。如果 $i_t^d>0$，则有：

$$\frac{u'(q_t^b)}{v'(q_t^b)}-1<\frac{u'(q_t)}{v'(q_t)}-1$$

我们知道$\frac{u'(q_t)}{v'(q_t)}$是 q_t 的减函数，故而：

$$q_t^b>q_t$$

这时银行可以改进福利。否则 $i_t^d=0$，此时 $q_t^b=q_t$，银行不改进福利。由此可知,银行改进福利的来源是补贴储户。

课后作业

在 BCW 模型中,利用银行的自由进入条件算出均衡下银行数量 s、存款利率 i_t^d 和贷款利率 i_t^l 的相互关系。

参考文献

1. Berentsen, A., Camera, G., and Waller, C., "Money, Credit and Banking", *Journal of Economic Theory*, 2007, 135(1), 171-195.

2. Lagos, R., and Wright, R., "A Unified Framework for Monetary Theory and Policy Analysis", *Journal of Political Economy*, 2005, 113(3), 463-484.

第九讲
银行——一个新货币主义安排

这一讲从另一个方面讨论银行。我们要从机制设计的角度回答以下问题：什么是银行？银行有哪些特征？这些特点克服了经济中的什么摩擦？从这些特征可以看出，这一讲和上一讲中 BCW 模型的侧重点不同。BCW 模型着重于经济中流动性的调配，而这一讲试图回答银行制度设计的一些其他基本问题。具体来讲，这一讲的内容就是阐述银行这种制度怎样帮助克服了有限承诺(limited commitment)摩擦。有限承诺摩擦是现实中常见的摩擦，用俗话来讲就是欠债不还。而在现实生活中，银行比普通人有着更好的信誉。普通人对于把钱借给一个路人是抗拒的，因为知道自己借出去的钱陌生人几乎100%不可能归还。但大家基本上相信借钱给正规的银行是要得回来的。下面就用 Gu et al. (2013)的模型讲述银行的这些特征。

9.1 模型设定

模型设定如下：

(1) 这是无限期的离散时间模型。折现率为 β。经济中有 a 和 b 两组理性人。每组有 1 和 2 两种家户。每种家户的测度为 1。我们着重说明 a 组中的情况，b 组和 a 组的参数可以不尽相同。每一期有两个分期。

(2) 经济中有两种商品 x 和 y。家户 1 消费 x，生产 y。家户 2 消费 y，生产 x。每期家户都有 γ 的概率是参与经济的。所有 x 和 y 都在第一个分期产生。家户 1 在第一个分期消费 x，家户 2 在第二个分期消费 y。在第一个分期和第二个分期之间，由家户 1 负责对 y 进行投资，得到 ρy。ρ 是一个固定的回报，它可以大于、等于或小于 1。如果 ρ 等于 1，家户 1 就是单纯地进行储蓄，而家户 2 没有这种投资或储蓄技术。这样的设定内生地产生了信用的需求。

(3) 家户 1 的效用函数为 $U^1(x,y)$，家户 2 的效用函数为 $U^2(\rho y,x)$。两种效用中，第一个参数是消费，第二个参数是劳动。家户 1 和家户 2 的效用满足 $U^1(0,0)=U^2(0,0)=0$。

(4) 经济中有两种摩擦。第一种摩擦是有限承诺。家户 1 可以把投资成果交给家户 2，也可以自己消费。如果家户 1 自己消费，得到的效用是 $U^1(x,y)+\lambda\rho y$。如果 $\lambda>0$，家户 1 就机不遵守合约。第二种摩擦是不完备的监督机制。家户 1 如果违约，有 π 的概率会被抓住。如果被抓，惩罚机制如 Levine(1993) 所提出的，家户永远处于自给自足状态；如果不被抓，家户一切如常。

这样模型设定就讲完了，我们要看两种情况：一种是没有银行，只有一组家户；另一种是有银行，有两种家户。然后我们对比两种情况并进行总结。这一讲中我们从用社会计划者的角度进行优化，即进行机制设计。

9.2 单组家户价值函数和履约条件

下面来看只有一组家户时的价值函数和履约条件。

社会计划者优化总剩余为：

$$S(x,y)=U^1(x,y)+U^2(\rho y,x)$$

社会计划者的第一组约束条件即为家户 1 和家户 2 的参与条件，也就是：

$$U^1(x,y)\geqslant 0$$

$$U^2(\rho y,x)\geqslant 0$$

此外，因为家户 1 有违约的可能，还要满足家户 1 的激励相容条件：

$$\beta V^1(x,y)\geqslant \lambda\rho y+(1-\pi)\beta V^1(x,y)$$

其中，$V^1(x,y)$ 是家户 1 的价值函数。不等式左边是家户守约的价值，也就是继续参与市场;不等式右边是违约的价值。如果家户违约,首先效用增加 $\lambda\rho y$,此外家户也有 $1-\pi$ 的概率逃过惩罚,继续参与市场。对于无限期的家户,价值函数满足:

$$V^1(x,y) = \frac{\gamma U^1(x,y)}{1-\beta}$$

化简家户的激励相容条件,得到:

$$U^1(x,y) \geqslant \delta\rho y$$

其中 δ 满足:

$$\delta = \frac{\lambda\left(\frac{1}{\beta}-1\right)}{\pi\gamma}$$

综合上述式子,社会计划者的问题就是:

$$\max U^1(x,y) + U^2(\rho y,x)$$

s. t.

$$U^1(x,y) \geqslant \delta\rho y$$

$$U^2(\rho y,x) \geqslant 0$$

由此可见,关键的限制是 $U^1(x,y) \geqslant \delta\rho y$,如果 δ 过大,则可能无法实现帕累托最优的结果。δ 是 λ 的增函数,也是 β、π 和 γ 的减函数。再强调一遍三个参数:λ 是家户 1 的违约动机,β 是家户 1 的耐心程度,π 是家户 1 的违约被抓概率,γ 是家户 1 的市场活跃程度。

δ 小的人需要满足以下条件:① 违约动力小,② 有耐心,③ 容易被市场监督,④ 经常活跃在市场上。

假设单组家户下,家户 1 的 δ 过大而导致市场结果不是帕累托最优,那么下面我们看看两组家户的情况。

9.3 两组家户和银行的产生

假设 a、b 两组中,家户的市场参数不同,有:

$$\delta^a > \delta^b$$

也就是

$$\frac{\lambda^a\left(\frac{1}{\beta^a}-1\right)}{\pi^a\gamma^a} > \frac{\lambda^b\left(\frac{1}{\beta^b}-1\right)}{\pi^b\gamma^b}$$

由此可见,b 组的家户 1 至少满足以下一种或几种条件:① 违约动力更小,② 更有耐心,③ 更容易被市场监督,④ 在市场上更活跃。

这种异质性使 a 组比 b 组更难达到帕累托最优,因为 a 组的家户 1 更容易违约。一种效率改进就是 a 组的家户 2 和 b 组的家户 1 进行交易,a 组的家户 1 就干脆把商品 y 交给 b 组的家户 1 进行投资。这样,b 组的家户 1 就有以下两种功能:① 吸收存款,② 代储户进行投资。

此外,a 组的家户 1 因为得不到同组家户 2 的信任,干脆用自己在 b 组家户 1 那里的存款票据和同组的家户 2 进行交易,然后 a 组的家户 2 再和 b 组的家户 1 进行兑换。这样,b 组的家户 1 就有了另外两种功能:③ 内部票据促进商品流通,④ 兑现自己的债务。而这四种功能正是银行的基本功能,故而可以将 b 组的家户 1 称为银行。

如果 a 组家户 1 的 δ^a 太大而 b 组家户 1 的 δ^b 足够小,则 Gu et al. (2013) 证明银行的安排能够改进效率,也就是银行的良好信用克服了有限承诺和市场监督不足的摩擦。

下面用图 9-1 表示银行具体的操作流程。

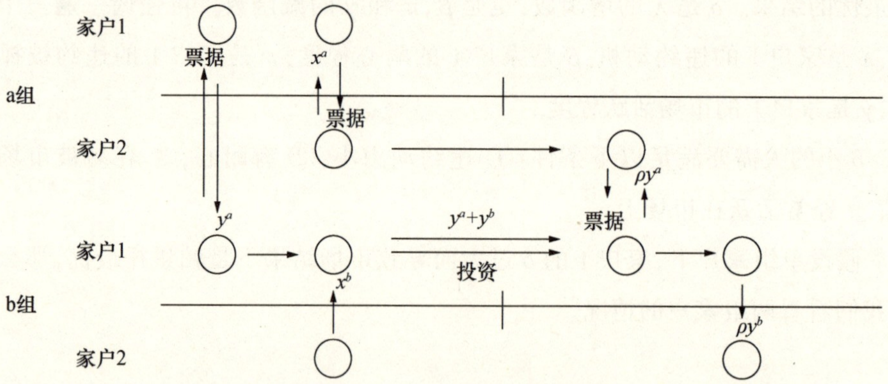

图 9-1　银行体系票据

资料来源:Gu et al. (2013)。

9.4　总结和讨论

这里我们可以讲一点西方银行的历史。在西方,银行家早是由美索不达米亚的僧侣担任的,原因是他们容易被监督,因为大家都认识他们;此外,他们更相信来世,因此更有耐心。在中世纪的英国,银行的角色是由铁匠担任的,原因也是他们经常抛头露面,市场参与度高。故而我们用一个简单的模型阐述了银行这个复杂系统的一些本质特征:① 违约动机小,② 有耐心,③ 容易被监督,④ 市场参与度高。

课后作业》

在 Gu et al. (2013) 中,银行规模大小对福利没有影响。现在引入监管成本 $c = c_0 + c_1\pi$,也就是银行监督有固定成本和可变成本,试推导银行的最优规模。

参考文献》

1. Gu, C., Mattesini, F., Monnet, C., and Wright, R., "Banking: A New Monetarist Approach", *Review of Economic Studies*, 2013, 80 (2), 636-662.

2. Kehoe, T. J., and Levine, D. K., "Debt-constrained Asset Markets", *The Review of Economic Studies*, 1993, 60(4), 865-888.

第十讲
场外交易市场

这一讲着眼于一种特殊的金融市场——场外交易市场，它的交易方式是资产的买卖双方两两交易，交易的价格和数量对第三方不可见。这个市场有搜寻等摩擦。进入21世纪以来，场外交易市场的交易量迅猛增长，已成为金融市场中的研究热点。这一讲初步探讨场外交易金融市场。我们将基于 Duffie et al. (2005)的模型进行讨论。Duffie et al. (2005)是场外交易市场的奠基性文献，这一讲对它的模型进行简化，讨论均衡的存在性和唯一性及资产价格。

10.1 模型设定

模型设定如下：

(1) 这是一个连续时间模型。折现率为 e^{-rt}。市场上有测度为1的家户和测度为 $A<1$ 的资产。资产不可分。家户对资产的评价有两种类型：一种为 H，另一种为 L。资产给 H 种类的家户带来 δ_H 的收益，给 L 种类的家户带来 $\delta_L<\delta_H$ 的收益。那么，市场上就会有 H 种类拥有资产、H 种类没有资产、L 种类拥有资产和 L 种类没有资产四种人，他们的测度分别用 n_1^H、n_0^H、n_1^L、n_0^L 表示。可以看出，n_0^H 和 n_1^L 可以进行交易，n_1^L 是资产的卖方，而 n_0^H 是资产的买方。资产买卖的内容

是用一种商品 q 来交换资产。每个人对 q 的效用和生产成本是线性的，$u(q)=c(q)=q$。每个家户遇到另一个家户的泊松抵达率为 σ。我们用 Q 表示以 q 为单位的资产价格。

（2）家户的评价种类有可能发生变化。L 种类家户变为 H 种类的泊松抵达率为 λ_L，而 H 种类家户变为 L 种类的泊松抵达率为 λ_H。这样假设的意义是 n_1^H 和 n_0^L 仍然留在市场中，从而保持家户总数稳定。

这个基本设定十分简单，下面就来具体求解资产价格并证明均衡的存在性和唯一性。

10.2 价值函数和均衡状态

首先列出家户的价值函数。我们知道，家户有四种情况：H 种类拥有资产、H 种类没有资产、L 种类拥有资产和 L 种类没有资产。假设他们的价值函数分别是 V_1^H、V_0^H、V_1^L、V_0^L，那么有：

$$rV_1^H = \delta_H + \lambda_H(V_1^L - V_1^H) + \dot{V}_1^H$$

$$rV_0^H = \lambda_H(V_0^L - V_0^H) + \sigma n_1^L(V_1^H - V_0^H - Q) + \dot{V}_0^H$$

$$rV_1^L = \delta_L + \lambda_L(V_1^H - V_1^L) + \sigma n_0^H(V_0^L - V_1^L + Q) + \dot{V}_1^L$$

$$rV_0^L = \lambda_L(V_0^H - V_0^L) + \dot{V}_0^L$$

在上述等式中，如果家户持有资产，他们会有 δ_H 或 δ_L 的红利。家户的种类也有变化的可能。H 种类没有资产的家户会和 L 种类有资产的家户交易。交易的资产价格为 Q。下面来看四种情况家户测度的变化，具体的动态方程如下：

$$\dot{n}_0^H = -\lambda_H n_0^H + \lambda_L n_0^L - \sigma n_1^L n_0^H$$

$$\dot{n}_1^L = -\lambda_L n_1^L + \lambda_H n_1^H - \sigma n_0^H n_1^L$$

$$n_1^L + n_1^H = A$$

$$n_0^L + n_0^H = 1 - A$$

在基础模型中，我们仅仅关注稳态均衡。稳态均衡下，有 $\dot{V}_1^H=\dot{V}_0^H=\dot{V}_1^L=\dot{V}_0^L=\dot{n}_1^H=\dot{n}_0^H=\dot{n}_1^L=\dot{n}_0^L=0$。下面将探讨稳态均衡的存在性和唯一性，有：

$$-\lambda_H n_0^H + \lambda_L n_0^L - \sigma n_1^L n_0^H = -\lambda_L n_1^L + \lambda_H n_1^H - \sigma n_0^H n_1^L$$

由于 $n_1^H = A - n_1^L$ 和 $n_0^L = 1 - A - n_0^H$，则有：

$$-\lambda_H n_0^H + \lambda_L(1 - A - n_0^H) = -\lambda_L n_1^L + \lambda_H(A - n_1^L)$$

经过数学换算：

$$n_1^L - n_0^H = \frac{\lambda_H A - \lambda_L(1 - A)}{\lambda_H + \lambda_L}$$

将 n_1^L 和 n_0^H 代入动态方程得到以下等式：

$$-\lambda_H n_0^H + \lambda_L(1 - A - n_0^H) - \sigma n_0^H\left[n_0^H + \frac{\lambda_H A - \lambda_L(1 - A)}{\lambda_H + \lambda_L}\right] = 0$$

$$-\lambda_L n_1^L + \lambda_H(A - n_1^L) - \sigma n_1^L\left[n_1^L - \frac{\lambda_H A - \lambda_L(1 - A)}{\lambda_H + \lambda_L}\right] = 0$$

这里定义两个方程：

$$f(n_0^H) = -\lambda_H n_0^H + \lambda_L(1 - A - n_0^H) - \sigma n_0^H\left[n_0^H + \frac{\lambda_H A - \lambda_L(1 - A)}{\lambda_H + \lambda_L}\right]$$

$$g(n_1^L) = -\lambda_L n_1^L + \lambda_H(A - n_1^L) - \sigma n_1^L\left[n_1^L - \frac{\lambda_H A - \lambda_L(1 - A)}{\lambda_H + \lambda_L}\right]$$

这两个方程 $f(n_0^H)$ 和 $g(n_1^L)$ 显然是连续的，而且满足以下性质：

$$f(0) > 0,\quad f(1 - A) < 0,\quad g(0) > 0,\quad g(A) < 0。$$

由于 $f(n_0^H)$ 和 $g(n_1^L)$ 的连续性，可以保证 $f(n_0^H) = 0$ 在 $(0, 1 - A)$ 上有解，$g(n_1^L) = 0$ 在 $(0, A)$ 上有解，从而证明了 n_0^H 和 n_1^L 均衡解的存在性。

而 $f(n_0^H) = 0$ 和 $g(n_1^L) = 0$ 是两个一元二次方程。可以看出 $f(n_0^H) = 0$ 两个根的乘积为 $-\lambda_L(1 - A)/\sigma$，$g(n_1^L) = 0$ 两个根的乘积为 $-\lambda_H A/\sigma$。故而 $f(n_0^H) = 0$ 在 $(0, 1 - A)$ 上和 $g(n_1^L) = 0$ 在 $(0, A)$ 上均只有一个正根。n_0^H 和 n_1^L 唯一。由于 $n_1^L + n_1^H = A$ 和 $n_0^L + n_0^H = 1 - A$，n_1^H 和 n_0^L 也有唯一正解。

下面讨论价值函数和资产定价。在稳态下有：

$$rV_1^H - rV_0^H = \delta_H + \lambda_H(V_1^L - V_1^H - V_0^L + V_0^H) - \sigma n_1^L(V_1^H - V_0^H - Q)$$

$$rV_1^L - rV_0^L = \delta_L + \lambda_L(V_1^H - V_1^L - V_0^H + V_0^L) + \sigma n_0^H(V_0^L - V_1^L + Q)$$

定义 $\Delta^H \equiv V_1^H - V_0^H$，$\Delta^L \equiv V_1^L - V_0^L$，有：

$$r\Delta^H = \delta_H + \lambda_H(\Delta^L - \Delta^H) - \sigma n_1^L(\Delta^H - Q)$$

$$r\Delta^L = \delta_L + \lambda_L(\Delta^H - \Delta^L) + \sigma n_0^H(\Delta^L + Q)$$

继续求解资产价格 Q。这里采用 Kalai 议价的方法决定资产价格。假设资产卖方的议价能力为 $\theta \in (0,1)$，资产买方的剩余为 $\Delta^H - Q$，资产卖方的剩余为 $\Delta^L + Q$，总剩余为 $\Delta^H - \Delta^L$。那么 Kalai 议价满足：

$$\Delta^L + Q = \theta(\Delta^H - \Delta^L)$$

因此资产价格为：

$$Q = \theta\Delta^H + (1-\theta)\Delta^L$$

结合以前价值函数的公式，有：

$$r\Delta^H = \delta_H + \lambda_H(\Delta^L - \Delta^H) - \sigma n_1^L(1-\theta)(\Delta^H - \Delta^L)$$

$$r\Delta^L = \delta_L + \lambda_L(\Delta^H - \Delta^L) + \sigma n_0^H\theta(\Delta^H - \Delta^L)$$

化简后可以得到：

$$\Delta^H - \Delta^L = \frac{\delta_H - \delta_L}{r + \lambda_H + \lambda_L + \sigma n_1^L(1-\theta) + \sigma n_0^H\theta}$$

那么：

$$\Delta^H = \frac{\delta_H}{r} - \frac{1}{r}\frac{[\lambda_H + \sigma n_1^L(1-\theta)](\delta_H - \delta_L)}{r + \lambda_H + \lambda_L + \sigma n_1^L(1-\theta) + \sigma n_0^H\theta}$$

$$\Delta^L = \frac{\delta_L}{r} + \frac{1}{r}\frac{[\lambda_L + \sigma n_0^H\theta](\delta_H - \delta_L)}{r + \lambda_H + \lambda_L + \sigma n_1^L(1-\theta) + \sigma n_0^H\theta}$$

可见价值函数在给定唯一的 n_1^L 和 n_0^H 后是唯一的，资产价格也是唯一的。这样就完成了整体模型的存在性和唯一性的证明。

10.3 模型拓展和局限

上面介绍的基础模型中，资产的买方和卖方进行两两交易。但在现实生活中，金融市场中存在中间人，即所谓的做市商。做市商的买入价格和卖出价格是不同的，这就是金融市场著名的买卖价差（bid-ask spread）。在基础框架中加入做市商可以产生这种价差，具体的数学推导可作为课后作业。

这个金融市场模型的稳态解是唯一的，没有出现多重均衡。这和模型的线性设定有关。如果引入资产可以作为交易媒介交换 q，而 q 的效用函数和生产函数不是线性的，结果则大大不同。

这个基础模型的交易资产不可分，将此资产可分也是重要的研究方向。

课后作业

在有做市商的拓展场外交易市场中，假设资产买方和做市商之间交易的资产价格为 A，做市商和资产卖方之间交易的资产价格为 B，资产买卖双方之间直接交易的资产价格为 P。假定所有的议价方式均为 Kalai 议价。在任何两两交易中，购买资产方的议价能力为 θ。证明 $A > P > B$。

参考文献

Duffie, D., Gârleanu, N., and Pedersen, L. H., "Over-the-Counter Markets", *Econometrica*, 2005, 73(6), 1815-1847.

第十一讲
流动性和资产定价

很多资产也和货币一样具有流动性。那么,有流动性的资产如何定价?其对均衡状态下的消费和产出有什么影响?如何改变家户的福利?这一讲具体回答这些问题。在这里,我们研究的资产是卢卡斯树。卢卡斯树是资产定价中的专有名词,是 Lucas(1978)率先提出的。卢卡斯树有固定的供给量 A,每单位的卢卡斯树每期产生 ρ 单位的果实。卢卡斯树是对公司股票的一种抽象化。公司的经济学含义是什么呢?是一种技术。它有一定的投入,比如雇员、原材料等;它也有具体的产出,也就是商品。但在现实生活中,公司是一项十分复杂的技术。Lucas(1978)试图定价自然界中最简单的一项技术——苹果树。苹果树每一期的投入只有免费的阳光雨露,却有可以吃的苹果作为产出,是一个最简单的公司。因此,卢卡斯树是经济学研究中股票的良好代替。

这一讲就具体研究具有流动性的卢卡斯树定价以及相应的消费、产出和社会福利。流动性的形式有两种:一种是资产作为抵押物以支撑信用(Kiyotaki and Moore, 1997),另一种是资产作为直接的交易媒介(Geromichalos et al., 2007)。先从 Kiyotaki and Moore (1997)说起。为了更好地阐述文章思想并与前文的结果进行对比,采用本书常用的 Lagos-Wright 模型进行研究。

11.1 模型设定

模型设定如下：

(1) 继承传统的 Lagos-Wright 模型的假定，采用一个无限期的离散时间模型。折现率为β。每一期分别有 DM 和 CM 两个分期。分期之间无折现。DM 上消费和生产商品 q，CM 上消费和生产商品 x。生产 q 的成本为 $c(q)$。x 可以由劳动 l 一对一线性转化。一个代表性家户的偏好为 $u(q)-c(q)+u(x)-l$。

(2) 和 Lagos-Wright 模型不同的是，DM 上的交易靠信用而非货币支撑。这里的信用是由资产（卢卡斯树）作抵押的。信用额度 d_t 满足 $d_t \leqslant \theta(\varphi_t+\rho)a_t$，其中 φ_t 是资产以一般等价物 x 计价的价格。假设卢卡斯树在 CM 上支付 ρ，那么 $(\varphi_t+\rho)a_t$ 就是资产的总价值。θ 是金融学中的贷款与价值之比，经济学中也称为 Kiyotaki-Moore 参数，是指资产能支持的信用比例。这里我们认为 θ 是外生的。卢卡斯树这种资产的总供给是外生的参数 A。

(3) 在 DM 上，α 是遇到另一个家户的概率，σ 是单次巧合的概率。为模型简便而忽略双重巧合。

这样模型设定就讲完了，下面来看家户在 CM 和 DM 上的价值函数。

11.2 价值函数

对于 CM 上的家户来说，劳动带来的负效用是线性的，因此他们会选择在 CM 将 DM 的债务还清。下面的等式可以刻画他们的最优化行为：

$$W(a_t,d_t) = \max_{x_t,l_t,\hat{a}_{t+1}} \{u(x_t) - l_t + \beta V(\hat{a}_{t+1})\}$$

$$\text{s.t.} \quad x_t + \varphi_t \hat{a}_{t+1} = \theta(\varphi_t+\rho)a_t - d_t + l_t$$

其中，W 是 CM 的价值函数，V 是 DM 的价值函数，a_t 是家户进入 CM 时的资产持有量，d_t 是真实债务。这两个变量是状态变量。家户在 CM 上做优化时的控制变量有 $x_t, l_t, \hat{a}_{t+1}$ 三个，分别是 CM 上商品 x 的消费量，劳动数量，以及为下一期 DM 准备的资产数量。

有了 CM 的价值函数，就可以求解这个最优化问题。其中一阶条件为：

$$x_t : u'(x_t) = 1$$

$$\hat{a}_{1t+1} : \beta V'(\hat{a}_{1t+1}) = \varphi_t$$

从一阶条件来看，x_t，$\hat{a}_1 t+1$ 和 a_t 是无关的。

包络条件为：

$$W_1(a_t, d_t) = \varphi_t + \rho$$

$$W_2(a_t, d_t) = -1$$

从包络条件可以得出 W 是 a_t, d_t 的线性方程，也就是 $W(a_t, d_t) = (\varphi_t + \rho) a_t - d_t + C$，其中 C 是常数项。

接下来要搞清楚 $V(a_t)$ 的函数形式。假设家户在市场上遇到的交易对象的资产持有为 $\tilde{a}_t$，而 $\tilde{a}_t$ 的累积分布函数为 $F_t(\tilde{a}_t)$，那么 $V(a_t)$ 的函数形式为：

$$\begin{aligned} V(a_t) &= W(a_t, 0) \\ &+ \alpha\sigma \int \{u[q(a_t, \tilde{a}_t)] - d(a_t, \tilde{a}_t)\} \mathrm{d}F_t(\tilde{a}_t) \\ &+ \alpha\sigma \int \{-c[q(\tilde{a}_t, a_t)] + d(\tilde{a}_t, a_t)\} \mathrm{d}F_t(\tilde{a}_t) \end{aligned}$$

其中，第一行是家户不消费的效用，第二行是指家户作为买方所得到的效用，第三行是家户作为卖方所得到的效用。为了更好地理解上述等式，我们要解释一下两个参数 $q(a_t, \tilde{a}_t)$ 和 $d(a_t, \tilde{a}_t)$。DM 上，买方用负债 d 交易商品 q。d 和 q 由买卖双方持有的资产数量决定。q 和 d 括号中的第一个变量是买方的资产数量，第二个变量是卖方的资产数量。而借债量 d 有一个上限，它满足 $d_t \leqslant \theta(\varphi_t + \rho) a_t$。故而买方的资产总量决定了债务上限，$V(a_t)$ 的函数形式转化为：

$$\begin{aligned} V(a_t) &= W(a_t, 0) + \alpha\sigma \{u[q(a_t)] - d(a_t)\} \\ &+ \alpha\sigma \int \{-c[q(\tilde{a}_t)] + d(\tilde{a}_t)\} dF_t(\tilde{a}_t) \end{aligned}$$

那么

$$V'(a_t) = \varphi_t + \rho + \alpha\sigma \left[u'(q_t) \frac{\partial q_t}{\partial a_t} - d'(a_t) \right]$$

11.3 欧拉方程和均衡讨论

为了讨论均衡，先看 DM 上的支付函数。假设支付函数为 $v(q)$。这里 $v(q)$ 可以是 Kalai 议价、Rubinstein 议价等。那么就有以下关系：

$$q_t = \begin{cases} q^* & \text{if} \quad d_t \geqslant v(q^*) \\ v^{-1}(d_t) & \text{if} \quad d_t < v(q^*) \end{cases}$$

其中，q^* 的定义是 q^* 满足 $u'(q) = c'(q)$。如果 $d_t \geqslant v(q^*)$ 成立，那么 $\frac{\partial q_t}{\partial a_t} = 0$，且 $d'(a_t) = 0$。这时 $V'(a_t) = \varphi_t + \rho$，代入 $\hat{a}_{1t+1}$ 的一阶导数，有：

$$\beta(\varphi_t + \rho) = \varphi_{t-1}$$

在稳态均衡下，有 $\varphi_t = \varphi_{t-1} = \varphi$，故而 $\left(\frac{1}{\beta} - 1\right)\varphi = \rho$。

这里定义无风险下的实际利率为 $r = \frac{1}{\beta} - 1$，故而：

$$\varphi = \frac{\rho}{r} = \varphi^f.$$

其中，φ^f 是资产的基础价格（fundamental prices），也就是资产价格等于未来红利的折现值——资产的最低价格。如果资产价格低于基础价格，那么市场上就出现了套利机会，违背了金融市场最基本的无套利条件。但如何将资产价格压低到基础价格呢？需要 $q_t = q^*$，也就是流动性的要求全部被满足。因此，家户持有资产仅仅是出于保值需求。那么必须满足下列式子：

$$\theta(\varphi_t + \rho)a_t = \theta(\varphi^f + \rho)a_t \geqslant v(q^*).$$

在资产市场均衡中，代表性家户的资产持有量和资产供给量相同。也就是：

$$\theta\left(\frac{\rho}{r} + \rho\right)A \geqslant v(q^*)$$

进一步化简得到：

$$A\rho \geqslant \frac{rv(q^*)}{\theta(1 + r)}$$

由此可见，要满足资产价格等于基础价格，需要以下两个条件：① 资产的红利 ρ 为正。② $A\rho$ 足够大，也就是在 A 给定的情况下，ρ 要足够大，足够支持交易；或者在 ρ 给定的情况下，A 足够多，有着足够的资产去支持交易。在以下的讨论中，不失一般性，假设 A 给定，那么条件就化简为：

$$\rho \geqslant \frac{rv(q^*)}{\theta(1 + r)A}$$

当 $\rho < \frac{rv(q^*)}{\theta(1 + r)A}$ 时，$d_t < v(q^*)$ 成立。此时，$v(q_t) = d_t = \theta(\varphi_t + \rho)a_t$，那么：

$$\frac{\partial q_t}{\partial a_t}=\frac{\theta(\varphi_t+\rho)}{v'(q_t)},\quad d'(a_t)=\theta(\varphi_t+\rho)$$

那么：

$$V'(a_t)=\varphi_t+\rho+\alpha\sigma\left[u'(q_t)\frac{\theta(\varphi_t+\rho)}{v'(q_t)}-\theta(\varphi_t+\rho)\right]$$

将上述等式代入 $\hat{a}_1 t+1$ 的一阶导数，有：

$$\frac{1}{\beta}\frac{\varphi_{t-1}}{\varphi_t+\rho}=1+\alpha\sigma\theta\left[\frac{u'(q_t)}{v'(q_t)}-1\right]$$

在货币交易中，我们根据费雪恒等式定义了名义利率 $1+i_t=(1+r)\frac{\varphi_{t-1}}{\varphi_t}$，其中 φ_{t-1} 是 $t-1$ 期的货币价值，φ_t 是 t 期的货币价值。类似地，φ_{t-1} 是 $t-1$ 期的资产价值，$\varphi_t+\rho$ 是 t 期的资产价值。那么类似于名义利率，我们定义一个资产的持有成本：$1+s_t=(1+r)\frac{\varphi_{t-1}}{\varphi_t+\rho}$。这里 s_t 是家户持有资产的成本（spread）。在稳态均衡中，我们有以下欧拉方程：

$$s_t=\alpha\sigma\theta\left[\frac{u'(q_t)}{v'(q_t)}-1\right]$$

其中，s_t 是资产价格的函数，故而是一个内生参量。资产交易和货币交易不同的一点是：货币持有成本 i_t 是外生的，而资产持有成本 s_t 是内生的。下面我们要通过对 s_t 的讨论，看资产均衡是否存在，如果存在，是否唯一。

我们从流动性总需求和总供给的角度进行讨论，只看稳态均衡，因此 $s_t=s$。经济中流动性的总需求 $L^d(s)=v[q(s)]$。由欧拉方程知道 $q(s)$ 是 s 的减函数，故而 $L^d(s)$ 是 s 的减函数。

经济中流动性的总供给为 $L^s(s)=\theta[\varphi(s)+\rho]A$。因为 $s=(1+r)\frac{\varphi}{\varphi+\rho}-1$，当 $\rho=0$ 时，资产相当于一种增长速度为 0 的菲亚特货币。由货币均衡的存在性和唯一性即可保证资产均衡的存在性和唯一性。当 $\rho\neq0$ 时，$\varphi=\frac{1+s}{r-s}\rho$，总供给为 $L^s(s)=\frac{1+r}{r-s}\theta\rho A$。

下面着重阐述 $\rho>0$ 和 $\rho<0$ 两种情况。

当 $\rho>0$ 时，$L^s(s)=\frac{1+r}{r-s}\theta\rho A$ 是 s 的增函数，再加上 $L^d(s)$ 是 s 的减函数，故而

均衡存在且唯一。当 $\rho<0$ 时，$L^s(s)=\frac{1+r}{r-s}\theta\rho A$ 是 s 的减函数,这时均衡的唯一性不能保证。当 ρ 为非常小的负数时,由于资产回报太过不理想,资产的流动性均衡就不复存在了。均衡的存在性和唯一性可由图 11-1 表示。纵坐标表示流动性 L,横坐标表示 s。实线是流动性需求,而三条虚线分别是 $\rho>0$,$\rho=0$ 和 $\rho<0$ 的流动性供给。

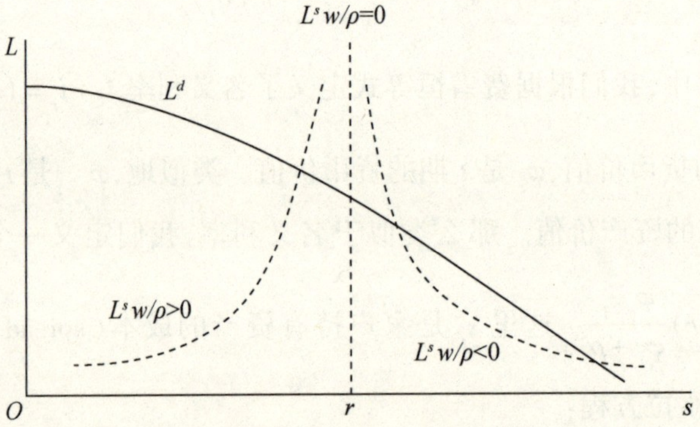

图 11-1 均衡的存在性

如果 $\rho\geqslant 0$,肯定存在唯一的均衡。如果 $\rho<0$,均衡可能不唯一甚至不存在。

11.4 福利分析

在 Lagos-Wright 模型中,CM 商品 x 和劳动 l 的总量不随资产红利 ρ 的变化而变化,所以决定福利水平的就是 DM 商品 q 的消费量,而 $q_t=q^*$ 显然是福利最大的时候。此时要求 ρA 足够大。在现实世界中,卢卡斯树代表的资产是股票,也就是股票市场上的单股红利 × 股票数量足够大。故而要求股票市场上有大量优质股票才能满足流动性需求。如果对股票市场施加数量和质量的人为限制,必将造成经济的不效率,具体表现就是股票估值过高,远远超过基础价格,故而市盈率高反而显示了经济中的不效率。比较我国股市和世界发达地区的股市,我国股票的确存在市盈率太高的问题,故而开放注册制、促进高质量公司上市,可以改进我国资本市场和整体经济的福利。

课后作业》

考虑 Geromichalos et al.(2007)模型,也就是资产作为直接的交易媒介而不是抵押品。假设当资产作为交易媒介时,只有其中的一部分可以进行交易。模型设定仍是 Lagos-Wright 模型,证明在稳态均衡中,资产作为交易媒介和资产作为抵押品是等价的。

参考文献》

1. Geromichalos, A., Licari, J. M., and Suárez-Lledó, J., "Monetary Policy and Asset Prices", *Review of Economic Dynamics*, 2007, 10(4), 761-779.

2. Kiyotaki, N., and Moore, J., "Credit Cycles", *Journal of Political Economy*, 1997, 105(2), 211-248.

第十二讲 黏性价格新解

黏性价格是指黏性的名义价格。经济学理论开篇就强调经济学者应该关注实际值。但在现实生活中,一些价格在一段时间内是具有名义黏性的。黏性价格也是宏观经济学的核心问题之一。新凯恩斯学派的文献用了菜单成本等模型解释黏性价格。这一讲将从搜寻理论的角度,重新解释这一经济学现象。我们研究的模型来自 Head et al. (2014),它是 Lagos-Wright 模型的延伸。和 Lagos-Wright 模型不同的是,它的分离市场(decentralized market)采用的搜寻方式并非随机搜寻。

12.1 模型设定

模型设定如下:

(1) 这是一个无限期的离散时间模型。折现率为 β。每一期分别有 DM 和 CM 两个分期。分期之间无折现。这里 DM 在先,CM 在后。这个先后顺序的假设不失一般性。商品 q 的生产和消费在 DM 上进行,商品 x 的生产和消费在 CM 上进行。

(2) 存在测度为 1 的家户和测度为 s 的厂商。厂商对真实利润的偏好是线性的。厂商生产商品 q，这里假定厂商的生产函数为 $c(q)=cq$。厂商在 DM 上公布出商品 q 的名义价格 p。每个厂商的 p 可以不同。这里假设厂商线性定价。

(3) DM 市场中的搜寻模式与 Burdett and Judd(1983)相同。家户有 α_0、α_1、α_2 的概率接到 0、1、2 个厂商的报价，$\alpha_0+\alpha_1+\alpha_2=1$。如果家户没有接到报价，则无法交易；如果家户接到一个报价，则按这个报价交易；如果家户接到两个报价，则按较低报价交易。

(4) DM 上家户消费商品 q 的效用是 $u(q)$，CM 上家户消费和生产商品 x。消费 x 的效用为 $u(x)$（这里 $u(q)$ 和 $u(x)$ 可以是不同的函数形式），x 可以由劳动 l 一对一线性转化。一个代表性家户每期的偏好为 $u(q)+u(x)-l$，其中劳动 l 带来的负效用是线性的。

(5) 由于 DM 上交易者都是匿名的，不存在记录技术，且家户之间是有限承诺的，故而家户和厂商之间的 DM 交易需要货币这种交易媒介。央行决定市场的名义货币供给。货币增长速度为常数 μ。货币的注入方式是在 CM 上通过总额注入（或抽出）的方式给每个家户。

这就是模型设定，下面要进行模型求解。

12.2 模型求解

12.2.1 家户问题

首先看家户问题。对于家户，他们的 CM 最优化问题是：

$$W(m_t) = \max_{x_t,l_t,\hat{m}_{t+1}} \{u(x_t) - l_t + \beta V(\hat{m}_{t+1})\}$$

$$\text{s.t.} \quad x_t + \varphi_t \hat{m}_{t+1} = \varphi_t m_t + l_t + T_t$$

其中，W 是 CM 的价值函数，V 是 DM 的价值函数。m_t 是家户进入 CM 时的货币持有量，是状态变量。家户在 CM 上做优化时的控制变量有 $x_t, l_t, \hat{m}_{t+1}$ 三个，分别是 CM 上商品 x 的消费量，劳动数量，以及为下一期 DM 准备的货币数量。T_t 是 CM 中的真实货币转移支付（或税收）。φ_t 是货币以 x 标定的价格。φ_t 乘以相应的名义货币量即为真实货币量。有了 CM 的价值函数，就可以求解这个最优化问题，其中一阶条件为：

$$x_t: u'(x_t) = 1$$

$$\widehat{m}_{t+1}: \beta V'(\widehat{m}_{t+1}) = \varphi_t$$

从一阶条件来看,两个参数 x_t,$\widehat{m}_{t+1}$和历史 m_t 是无关的。

包络条件为:

$$W'(m_t) = \varphi_t$$

从包络条件可以得出 W 是 m_t 的线性方程,也就是 $W(m_t) = \varphi_t m_t + C$,其中 C 是常数项。

接下来要搞清楚 $V(m_t)$的函数形式。对于一个家户,有 0 个报价、1 个报价和 2 个报价三种情况。0 报价在 DM 上无交易。对于多于 1 个报价的家户,他们的价值取决于最低的报价 p 和货币持有 m_t。假设 $U(p, m_t)$是最低报价为 p,货币持有为 m_t 的条件 DM 价值,并假设 DM 上 $u(q_t) = \frac{q_t^{1-\gamma}}{1-\gamma}$, $\gamma \in (0,1)$。那么有:

$$U(p, m_t) = \max_{q_t}\left\{\frac{q_t^{1-\gamma}}{1-\gamma} + W(m_t)\right\}$$

s. t. $$pq_t \leqslant m_t$$

这里家户的选择是 DM 的消费量 q_t。对上述式子进行求解,可以得到:

$$q_t(p, m_t) = \begin{cases} \dfrac{m_t}{p} & \text{if } p \leqslant \hat{p}_t \\ (p\phi_t)^{-\frac{1}{\gamma}} & \text{if } p > \hat{p}_t \end{cases}$$

其中,$\hat{p}_t = \phi_t^{1/(\gamma-1)} m_t^{\gamma/(\gamma-1)}$。如果 $p \leqslant \hat{p}_t$,则消费者用完所有的钱,消费量是一个角点解;否则,消费者仍有余钱,消费量是一个内点解。

有了条件价值函数,可以推导非条件价值函数。非条件价值函数要涵盖 0 次报价、1 次报价和 2 次报价等各种情形。0 次报价和 1 次报价相对容易,下面我们重点看 2 次报价。假设第一个报价为 p_1,第二个报价为 p_2,市场上报价的累积分布函数为 $F_t(p)$,那么需要求出两个最低价 $\min\{p_1, p_2\}$ 的分布。$\min\{p_1, p_2\}$ 的累积分布函数满足:

$$\begin{aligned} &\text{Prob}(\min\{p_1, p_2\} \leqslant p) \\ &\quad = 1 - \text{Prob}(\min\{p_1, p_2\} > p) = 1 - \text{Prob}(p_1 > p \,\&\, p_2 > p) \\ &\quad = 1 - \text{Prob}(p_1 > p)\text{Prob}(p_2 > p) = 1 - [1 - F_t(p)]^2 \end{aligned}$$

由此可以得出非条件价值函数:

$$V(m_t) = \alpha_0 W(m_t) + \alpha_1 \int U(p,m_t)\mathrm{d}F_t(p) + \alpha_2 \int U(p,m_t)\mathrm{d}\{1 - [1 - F_t(p)]^2\}$$

化简一下，得到：

$$V(m_t) = \alpha_0 W(m_t) + \int [\alpha_1 + 2\alpha_2 - 2\alpha_2 F_t(p)] U(p,m_t)\mathrm{d}F_t(p)$$

对 $V(m_t)$ 求一阶导数，我们知道：

$$V'(m_t) = \phi_t \left\{1 + \int_0^{\hat{p}_t} [\alpha_1 + 2\alpha_2 - 2\alpha_2 F_t(p)] \left[\frac{1}{p\phi_t}\left(\frac{m_t}{p}\right)^{-\gamma} - 1\right]\mathrm{d}F_t(p)\right\}$$

再加上一阶条件 $\beta V'(\widehat{m}_t) = \varphi_{t-1}$，得到家户的欧拉方程为：

$$\varphi_{t-1} = \beta\phi_t \left\{1 + \int_0^{\hat{p}_t} [\alpha_1 + 2\alpha_2 - 2\alpha_2 F_t(p)] \left[\frac{1}{p\phi_t}\left(\frac{m_t}{p}\right)^{-\gamma} - 1\right]\mathrm{d}F_t(p)\right\}$$

对上述等式稍作变形，有：

$$\frac{\varphi_{t-1}}{\beta\varphi_t} = 1 + \int_0^{\hat{p}_t} [\alpha_1 + 2\alpha_2 - 2\alpha_2 F_t(p)] \left[\frac{1}{p\phi_t}\left(\frac{m_t}{p}\right)^{-\gamma} - 1\right]\mathrm{d}F_t(p)$$

我们知道，$\frac{1}{\beta} = 1 + r$，$\frac{\varphi_{t-1}}{\varphi_t} = 1 + \mu$，根据费雪方程式，定义 $1 + i = (1 + r)(1 + \mu)$。这里的 i 就是名义利率，它和货币增长速度（通货膨胀率）μ 是一一对应的，那么有：

$$i = \int_0^{\hat{p}_t} [\alpha_1 + 2\alpha_2 - 2\alpha_2 F_t(p)] \left[\frac{1}{p\phi_t}\left(\frac{m_t}{p}\right)^{-\gamma} - 1\right]\mathrm{d}F_t(p)$$

这就是我们要的欧拉方程，其中左边是家户持有 1 单位真实货币的机会成本（名义利率 i），右边是家户持有 1 单位真实货币的收益。

12.2.2 厂商问题

厂商追求单纯的利润最大化，厂商的利润表达式为：

$$\frac{1}{s}[\alpha_1 + 2\alpha_2 - 2\alpha_2 F_t(p) + \alpha_2 \xi_t(p)] R_t(p)$$

s.t.
$$\xi_t(p) = \lim_{\varepsilon \to 0^+} [F_t(p) - F_t(p - \varepsilon)]$$

$R_t(p)$ 是价格为 p 的单次交易的利润，$R_t(p)$ 满足：

$$R_t(p) = q_t(p,m_t)(p\phi_t - c)$$

可以看出有 $\frac{1}{s}\alpha_1$ 测度的 1 个报价家户向该企业购买，有：

$$\frac{1}{s}[2\alpha_2 - 2\alpha_2 F_t(p)]$$

该测度的 2 个报价用户向该企业购买，因为该企业的报价为最低报价；也有 $\frac{1}{s}\alpha_2\xi_t(p)$ 测度用户得到两个相同的价格 p，以 1/2 的概率向该企业购买。

由 Burdett and Judd(1983)的证明得知，企业最大化自己利润的价格不唯一，而有一个连续的价格分布$[\underline{p}_t, \bar{p}_t]$。在这个连续的分布中，每一点的价格都最大化企业的利润，且 $\forall p \in [\underline{p}_t, \bar{p}_t]$，$\xi_t(p) = 0$，也就是消费者 2 个报价相同的测度为 0。那么接下来求解最高价格和最低价格，以及具体的价格分布 $F_t(p)$。

对于最高价格 $\bar{p}_t$，显然 $F_t(\bar{p}_t) = 1$。厂商收取最高价格时赚不到 2 个报价家户的钱。他们只关注一次报价的家户并最大化 $R_t(p)$，也可以称 $\bar{p}_t$ 为垄断价格，因为它最大化单次交易的利润。下面我们求解这个垄断价格 p_t^m。

我们知道：

$$R_t(p) = \begin{cases} \dfrac{m_t(p\phi_t - c)}{p} & \text{if} \quad p \leqslant \hat{p}_t \\ (p\phi_t)^{-\frac{1}{\gamma}}(p\phi_t - c) & \text{if} \quad p > \hat{p}_t \end{cases}$$

最大化$(p\phi_t)^{-\frac{1}{\gamma}}(p\phi_t - c)$的价格为 $c/[\phi_t(1-\gamma)]$。如果 $c/[\phi_t(1-\gamma)] \leqslant \hat{p}_t$，那么 q_t 取角点解，$R_t(p)$取最大值时 $p = \hat{p}_t$。如果 $c/[\phi_t(1-\gamma)] > \hat{p}_t$，那么 $R_t(p)$ 取最大值时 $p = c/[\phi_t(1-\gamma)]$，故而 $p_t^m = \max\{c/[\phi_t(1-\gamma)], \hat{p}_t\}$。此时厂商的垄断利润为：

$$\frac{1}{s}\alpha_1 R_t(p_t^m)$$

对于定义域$[\underline{p}_t, \bar{p}_t]$上的其他价格，企业利润要与垄断利润相同，于是：

$$\frac{1}{s}[\alpha_1 + 2\alpha_2 - 2\alpha_2 F_t(p)]R_t(p) = \frac{1}{s}\alpha_1 R_t(p_t^m)$$

由此得到$[\underline{p}_t, \bar{p}_t]$上的累积分布函数：

$$F_t(p) = \frac{\alpha_1 + 2\alpha_2}{2\alpha_2} - \frac{\alpha_1}{2\alpha_2}\frac{R_t(p_t^m)}{R_t(p)}$$

我们知道，$\underline{p}_t$ 满足 $F_t(\underline{p}_t) = 0$。故而 $\underline{p}_t$ 满足下列等式：

$$\frac{\alpha_1 + 2\alpha_2}{2\alpha_2} - \frac{\alpha_1}{2\alpha_2}\frac{R_t(p_t^m)}{R_t(\underline{p}_t)} = 0$$

这样就求出了价格分布定义域和分布函数的解析解。

12.3 黏性价格

接下来探讨黏性名义价格。假设 t 期到 $t+1$ 期的通货膨胀率不高$(\underline{p}_{t+1}<\overline{p}_t)$，那么 t 期的价格分布定义域$[\overline{p}_t,\bar{p}_t]$就和 $t+1$ 期的定义域$[\underline{p}_{t+1},\overline{p_{t+1}}]$有所重叠,重叠区域为$[\underline{p}_{t+1},\overline{p}_t]$。在这个区域上,每个价格使厂商在 t 期和 $t+1$ 期的利润最大化。也就是当 $p\in[\underline{p}_{t+1},\overline{p}_t]$时,一个厂商可以选择保持名义价格不变,也就是出现了所谓的名义价格黏性。当通货膨胀率过高$(\underline{p}_{t+1}>\overline{p}_t)$时,名义价格黏性在本模型中就不复存在了。

这里厂商保持价格不变是有经济学解释的。不变的价格在通货膨胀的环境中会变得相对便宜,吸引更多的 2 次报价家户前来消费,也就是俗话说的薄利多销。

课后作业》

在黏性价格模型中,如果经济中的通货膨胀是温和的,厂商有可能降低名义价格(也就是进行所谓的打折销售)吗？如果可以打折,最大的折扣幅度是多少？

参考文献》

1. Burdett, K., and Judd, K. L., "Equilibrium Price Dispersion", *Econometrica*, 1983, 51(4), 955-969.

2. Head, A., Liu, L. Q., Menzio, G., and Wright, R., "Sticky Prices: A New Monetarist Approach", *Journal of the European Economic Association*, 2012, 10(5), 939-973.

第十三讲
均衡的汇率决定——Kareken-Wallace 模型

汇率是国际贸易的重要指标,也和涉外经济活动息息相关。汇率是一个货币现象,是不同货币间的相对价格。这一讲初步探讨汇率问题,内容和思想主要来自 Kareken and Wallace(1981)。Kareken 和 Wallace 的原始模型采用的是 Overlapping Generation 模型(以下简称"OLG 模型")。为了更好地阐述文章思想,我们采用本书常用的 Lagos-Wright 模型来解释汇率。

13.1 模型设定

模型设定如下:

(1) 继承传统的 Lagos-Wright 模型的假定,采用一个无限期的离散时间模型。折现率为 β。每一期分别有 DM 和 CM 两个分期。分期之间无折现。DM 上消费和生产商品 q,CM 上消费和生产商品 x。生产 q 的成本为 $c(q)$。x 可以由劳动 l 一对一线性转化。一个代表性家户的偏好为 $u(q)-c(q)+u(x)-l$。

(2) 和 Lagos-Wright 模型不同的是,为了研究汇率,我们需要两种货币。这里称它们为货币 1 和货币 2。两种货币都通过总额税收(或转移支付)注入 CM。货币 1 的增长速度为 μ_1,货币 2 的增长速度为 μ_2。μ_1 和 μ_2 是恒定值。

(3) 在 DM 上，α 是遇到另一个家户的概率，σ 是单次巧合的概率。为模型简便而忽略双重巧合。

这样模型设定就讲完了，下面来看家户在 CM 和 DM 上的价值函数。

13.2 价值函数

对于 CM 上的家户来说，他们进行这样的最优化：

$$W(m_{1t},m_{2t}) = \max_{x_t,l_t,\hat{m}_{1t+1},\hat{m}_{2t+1}} \{u(x_t) - l_t + \beta V(\hat{m}_{1t+1},\hat{m}_{2t+1})\}$$

$$\text{s. t.} \quad x_t + \varphi_{1t}\hat{m}_{1t+1} + \varphi_{2t}\hat{m}_{2t+1} = \varphi_{1t}m_{1t} + \varphi_{2t}m_{2t} + l_t + T_{1t} + T_{2t};$$

$$\hat{m}_{1t+1} \geqslant 0; \quad \hat{m}_{2t+1} \geqslant 0$$

其中，W 是 CM 的价值函数，V 是 DM 的价值函数。m_{1t}是家户进入 CM 时货币 1 的持有量，相应的，m_{2t}是货币 2 的持有量，这两个变量是状态变量。家户在 CM 上做优化时的控制变量有 $x_t,l_t,\hat{m}_{1t+1},\hat{m}_{2t+1}$四个，分别是 CM 上商品 x 的消费量，劳动数量，以及为下一期 DM 准备的货币 1 和货币 2 的数量。T_{1t}和 T_{2t}是 CM 中的真实货币转移支付。φ_{1t}和 φ_{2t}分别是两种货币以 x 标定的价格。φ_{1t}和 φ_{2t}乘以相应的名义货币量即为真实货币量。此外，假设 λ_{1t}和 λ_{2t}是 $\hat{m}_{1t+1} \geqslant 0$ 和 $\hat{m}_{2t+1} \geqslant 0$ 两个式子的拉格朗日乘子。

有了 CM 的价值函数，可以求解这个最优化问题，其中一阶条件为：

$$x_t: u'(x_t) = 1$$

$$\hat{m}_{1t+1}: \beta V_1(\hat{m}_{1t+1},\hat{m}_{2t+1}) + \lambda_{1t} = \varphi_{1t}$$

$$\hat{m}_{2t+1}: \beta V_2(\hat{m}_{1t+1},\hat{m}_{2t+1}) + \lambda_{2t} = \varphi_{2t}$$

从一阶条件来看，三个参数 $x_t,\hat{m}_{1t+1},\hat{m}_{2t+1}$和 m_{1t},m_{2t}是无关的。

包络条件为：

$$W_1(m_{1t},m_{2t}) = \varphi_{1t}$$

$$W_2(m_{1t},m_{2t}) = \varphi_{2t}$$

从包络条件可以得出 W 是 m_{1t},m_{2t}的线性方程，也就是 $W(m_{1t},m_{2t}) = \varphi_{1t}m_{1t} + \varphi_{2t}m_{2t} + C$，其中 C 是常数项。

下面要搞清 $V(m_{1t},m_{2t})$的函数形式。假设家户在市场上遇到的交易对象的货币持有为$(\tilde{m}_{1t},\tilde{m}_{2t})$，而$(\tilde{m}_{1t},\tilde{m}_{2t})$的累积分布函数为 $F_t(\tilde{m}_{1t},\tilde{m}_{2t})$，那么 $V(m_{1t},m_{2t})$

的函数形式为：

$$
\begin{aligned}
V(m_{1t},m_{2t}) = & W(m_{1t},m_{2t}) + \\
& \alpha\sigma\int\Big\{u[q(m_{1t},m_{2t},\tilde{m}_{1t},\tilde{m}_{2t})] \\
& + W(m_{1t} - d_{1t}(m_{1t},m_{2t},\tilde{m}_{1t},\tilde{m}_{2t}),m_{2t} - d_{2t}(m_{1t},m_{2t},\tilde{m}_{1t},\tilde{m}_{2t})) \\
& - W(m_{1t},m_{2t})\Big\}\mathrm{d}F_t(\tilde{m}_{1t},\tilde{m}_{2t}) + \alpha\sigma\int\Big\{-c[q(\tilde{m}_{1t},\tilde{m}_{2t},m_{1t},m_{2t})] \\
& + W(m_{1t} + d_{1t}(\tilde{m}_{1t},\tilde{m}_{2t},m_{1t},m_{2t}),m_{2t} + d_{2t}(\tilde{m}_{1t},\tilde{m}_{2t},m_{1t},m_{2t})) \\
& - W(m_{1t},m_{2t})\Big\}\mathrm{d}F_t(\tilde{m}_{1t},\tilde{m}_{2t})
\end{aligned}
$$

为了更好地理解上述等式，先要解释一下三个参数：$q(m_{1t},m_{2t},\tilde{m}_{1t},\tilde{m}_{2t})$，$d_{1t}(m_{1t},m_{2t},\tilde{m}_{1t},\tilde{m}_{2t})$和$d_{2t}(m_{1t},m_{2t},\tilde{m}_{1t},\tilde{m}_{2t})$。DM 的交易是商品 q 和货币 m_{1t}, m_{2t}的交易。参数 q, d_{1t}和 d_{2t}分别是商品 q 的交易量，支付的货币 1 和支付的货币 2。这三个参数由四个变量决定，前两个变量是买方两种货币的各自持有量，后两个变量是卖方两种货币的各自持有量。

由于 W 是 m_{1t}, m_{2t}的线性方程，上述 $V(m_{1t},m_{2t})$简写为：

$$
\begin{aligned}
V(m_{1t},m_{2t}) = & W(m_{1t},m_{2t}) + \alpha\sigma\int\Big\{u[q(m_{1t},m_{2t},\tilde{m}_{1t},\tilde{m}_{2t})] \\
& - \varphi_{1t}d_{1t}(m_{1t},m_{2t},\tilde{m}_{1t},\tilde{m}_{2t}) \\
& - \varphi_{2t}d_{2t}(m_{1t},m_{2t},\tilde{m}_{1t},\tilde{m}_{2t})\Big\}\mathrm{d}F_t(\tilde{m}_{1t},\tilde{m}_{2t}) \\
& + \alpha\sigma\int\Big\{-c[q(\tilde{m}_{1t},\tilde{m}_{2t},m_{1t},m_{2t})] + \varphi_{1t}d_{1t}(\tilde{m}_{1t},\tilde{m}_{2t},m_{1t},m_{2t}) \\
& + \varphi_{2t}d_{2t}(\tilde{m}_{1t},\tilde{m}_{2t},m_{1t},m_{2t})\Big\}\mathrm{d}F_t(\tilde{m}_{1t},\tilde{m}_{2t})
\end{aligned}
$$

定义 $q(m_{1t},m_{2t},\tilde{m}_{1t},\tilde{m}_{2t}) = q_t$，$d_{1t}(m_{1t},m_{2t},\tilde{m}_{1t},\tilde{m}_{2t}) = d_{1t}$，$d_{2t}(m_{1t},m_{2t},\tilde{m}_{1t},\tilde{m}_{2t}) = d_2t$。假设 DM 上的支付函数为 $v(q)$。$v(q)$是有效率的且满足一定条件（Kalai 议价、Rubinstein 议价或 Nash 议价，且买方的议价能力为 1），那么就有以下关系：

$$q_t=\begin{cases}q^* & \text{if} \quad \varphi_{1t}d_{1t}+\varphi_{2t}d_{2t}\geqslant v(q^*)\\ v^{-1}(\varphi_{1t}d_{1t}+\varphi_{2t}d_{2t}) & \text{if} \quad \varphi_{1t}d_{1t}+\varphi_{2t}d_{2t}<v(q^*)\end{cases}$$

其中，q^* 的定义是 q^* 满足 $u'(q)=c'(q)$。一般情况下，$\varphi_{1t}d_{1t}+\varphi_{2t}d_{2t}<v(q^*)$ 成立。消费者支付的钱不够支付最有效的消费量 q^*，这时消费者会把所有的钱花出去。这样，有 $d_{1t}=m_{1t}$，$d_{2t}=m_{2t}$，且 $v(q_t)=\varphi_{1t}m_{1t}+\varphi_{2t}m_{2t}$。

那么 $V(m_{1t},m_{2t})$ 简写为：

$$V(m_{1t},m_{2t})=W(m_{1t},m_{2t})+\alpha\sigma\int\{u[q(m_{1t},m_{2t})]-\varphi_{1t}m_{1t}-\varphi_{2t}m_{2t}\}\mathrm{d}F_t(\tilde{m}_{1t},\tilde{m}_{2t})$$
$$+\alpha\sigma\int\{-c[q(\tilde{m}_{1t},\tilde{m}_{2t})]+\varphi_{1t}\tilde{m}_{1t}+\varphi_{2t}\tilde{m}_{2t}\}\mathrm{d}F_t(\tilde{m}_{1t},\tilde{m}_{2t})$$

13.3 欧拉方程

有了 DM 和 CM 的价值函数，就能进一步解出欧拉方程，从而讨论经济稳态。我们要对 V 的两个参数求偏导，得到以下两个等式：

$$V_1(m_{1t},m_{2t})=\varphi_{1t}+\alpha\sigma\left[u'(q_t)\frac{\partial q_t}{\partial m_{1t}}-\varphi_{1t}\right]$$

$$V_2(m_{1t},m_{2t})=\varphi_{2t}+\alpha\sigma\left[u'(q_t)\frac{\partial q_t}{\partial m_{2t}}-\varphi_{2t}\right]$$

由 $v(q_t)=\varphi_{1t}m_{1t}+\varphi_{2t}m_{2t}$，可知：

$$\frac{\partial q_t}{\partial m_{1t}}=\frac{\varphi_{1t}}{v'(q_t)},\quad \frac{\partial q_t}{\partial m_{2t}}=\frac{\varphi_{2t}}{v'(q_t)}$$

故而：

$$V_1(m_{1t},m_{2t})=\varphi_{1t}\left\{1+\alpha\sigma\left[\frac{u'(q_t)}{v'(q_t)}-1\right]\right\}$$

$$V_2(m_{1t},m_{2t})=\varphi_{2t}\left\{1+\alpha\sigma\left[\frac{u'(q_t)}{v'(q_t)}-1\right]\right\}$$

结合 $\widehat{m}_{1t+1}$，$\widehat{m}_{2t+1}$ 两个一阶条件，有：

$$\beta\varphi_{1t}\left\{1+\alpha\sigma\left[\frac{u'(q_t)}{v'(q_t)}-1\right]\right\}+\lambda_{1t-1}=\varphi_{1t-1}$$

$$\beta\varphi_{2t}\left\{1+\alpha\sigma\left[\frac{u'(q_t)}{v'(q_t)}-1\right]\right\}+\lambda_{2t}-1=\varphi_{2t-1}$$

对上述等式稍作变形,有:

$$\frac{\varphi_{1t-1}}{\beta\varphi_{1t}} = 1 + \alpha\sigma\left[\frac{u'(q_t)}{v'(q_t)} - 1\right] + \frac{\lambda_{1t-1}}{\beta\varphi_{1t}}$$

$$\frac{\varphi_{2t-1}}{\beta\varphi_{2t}} = 1 + \alpha\sigma\left[\frac{u'(q_t)}{v'(q_t)} - 1\right] + \frac{\lambda_{2t-1}}{\beta\varphi_{2t}}$$

我们知道:

$$\frac{1}{\beta} = 1 + r, \quad \frac{\varphi_{1t-1}}{\varphi_{1t}} = 1 + \mu_1, \quad \frac{\varphi_{2t-1}}{\varphi_{2t}} = 1 + \mu_2$$

根据费雪方程式,定义:

$$1 + i_1 = (1 + r)(1 + \mu_1) \quad 和 \quad 1 + i_2 = (1 + r)(1 + \mu_2)$$

有:

$$i_1 = \alpha\sigma\left[\frac{u'(q_t)}{v'(q_t)} - 1\right] + \frac{\lambda_{1t-1}}{\beta\varphi_{1t}}$$

$$i_2 = \alpha\sigma\left[\frac{u'(q_t)}{v'(q_t)} - 1\right] + \frac{\lambda_{2t-1}}{\beta\varphi_{2t}}$$

这就是我们要的欧拉方程组。

13.4 稳态结果

接下来根据欧拉方程组分析模型的稳态结果,并给出经济学含义。在不失一般性的前提下,假设$\mu_1 > \mu_2$,也就是$i_1 > i_2$。我们知道所有的拉格朗日乘子都是非负的,故而得出下列不等式:

$$\frac{\lambda_{1t-1}}{\beta\varphi_{1t}} > \frac{\lambda_{2t-1}}{\beta\varphi_{2t}} \geq 0$$

也就是$\lambda_{1t-1} > 0$。$\widehat{m}_{1t} \geq 0$的约束是一个紧约束,$\widehat{m}_{1t} = 0$。在稳态下,如果两种货币是完全替代的,家户不持有通货膨胀率(名义利率)高的货币。

这个结果的经济学解释很直观。通货膨胀率(名义利率)高的货币有较高的持有成本,家户自然会将其替换为持有成本较低的货币。但在这种情况下,一种货币的自然消失会使对汇率的讨论没有意义。故而来看两种货币通货膨胀率相同的情况,也就是$\mu_1 = \mu_2 = \mu$, $i_1 = i_2 = i$。这时

$$\frac{\lambda_{1t-1}}{\beta\varphi_{1t}} = \frac{\lambda_{2t-1}}{\beta\varphi_{2t}}$$

假设 $\lambda_{1t-1}>0$,那么 $\lambda_{2t-1}>0$ 也成立,故而 $\widehat{m}_{1t}=\widehat{m}_{2t}=0$。这显然不是最优化的结果。在货币均衡中,家户至少持有一种货币。故而我们可以轻易证明 $\lambda_{1t-1}=\lambda_{2t-1}=0$; $\widehat{m}_{1t}>0,\widehat{m}_{2t}>0$。家户两种货币均持有。在这种情况下,我们可以讨论汇率了。这个经济中的名义汇率等于真实汇率,都是$\frac{\varphi_{1t}}{\varphi_{2t}}$。对于汇率,有以下的恒等式:

$$\frac{\varphi_{1t}}{\varphi_{2t}}=\frac{\varphi_{1t}M_{1t}}{\varphi_{2t}M_{2t}}\frac{M_{2t}}{M_{1t}}$$

其中,$\frac{M_{2t}}{M_{1t}}$是经济中的名义货币量之比,是外生变量。根据货币市场均衡,有 $\varphi_{1t}M_{1t}=\varphi_{1t}\widehat{m}_{1t}$, $\varphi_{2t}M_{2t}=\varphi_{2t}\widehat{m}_{2t}$。故而:

$$\frac{\varphi_{1t}}{\varphi_{2t}}=\frac{\varphi_{1t}\widehat{m}_{1t}}{\varphi_{2t}\widehat{m}_{2t}}\frac{M_{2t}}{M_{1t}}$$

$\frac{\varphi_{1t}\widehat{m}_{1t}}{\varphi_{2t}\widehat{m}_{2t}}$的可能取值是多少呢?是$(0,+\infty)$。那么,这个模型的均衡取值是多少呢?是以下结果:

$$\frac{\varphi_{1t}}{\varphi_{2t}}\in(0,+\infty)$$

这个结果看起来不太符合直觉,但仔细一想很有道理。得出这个结果的原因是:在两种货币完全同质的情况下,家户可以把自己的货币持有分配为任意比例。家户可以把99.99%的货币配置在货币1上,也可以配置在货币2上。无论怎么配置,对于家户完全没有经济上的影响,但这个配置结果却直接决定了经济中的汇率。因此在 Kareken 和 Wallace 货币完全替代的框架下,汇率本身是一个完全不确定的值。Kareken and Wallace(1981)的原理和公司金融中的 MM 定理以及公共金融里的李嘉图等价有着异曲同工之妙。MM 定理是说在无摩擦的金融市场中,股权融资和债权融资本质上对一个公司的股价没有任何影响,故而公司可以把99.99%的融资放在股权上,也可以放在债权上。而李嘉图等价是指给定政府购买不变,政府如何征税不会影响家户的消费和投资行为。因此政府可以现在征税,也可以未来征税。总的来说,上述三个模型都给出了两种可以完全替代的解决问题方法,而怎么用、用哪种就对实体经济没有影响了。

在这里,两种货币可以完全替换是一个关键假设。这个假设显然太过理想化。下面就来看一个模型的拓展,也就是当货币不是完全替代时,均衡应该是怎样的。

13.5 模型拓展

现假设家户作为买方，可能遇到三种卖方。遇到第一种卖方的概率为 α_1，这种卖方只接受货币 1，原因是他只能识别货币 1 的真伪。遇到卖方的概率为 α_2，这种卖方只接受货币 2。遇到第三种卖方的概率为 α_b，这种卖方两种货币都接受。这里为了简化模型，不考虑家户作为卖方的交易行为。因为在劳动拟线性的效用函数假设下，W 是 m_{1t} 和 m_{2t} 的线性方程，故而家户作为买方不会影响家户的货币持有决策。把 $V(m_{1t},m_{2t})$ 简写为：

$$V(m_{1t},m_{2t}) = W(m_{1t},m_{2t}) + \alpha_1[u(q_t^1) - \varphi_{1t}m_{1t}] + \alpha_2[u(q_t^2) - \varphi_{2t}m_{2t}] + \alpha_b[u(q_t^b) - \varphi_{1t}m_{1t} - \varphi_{2t}m_{2t}]$$

其中，q_t^1 是遇到第一种卖方的交易量，q_t^2 是遇到第二种卖方的交易量，q_t^b 则是遇到第三种卖方的交易量。对 V 的两个参数求偏导，得到以下两个等式：

$$V_1(m_{1t},m_{2t}) = \varphi_{1t} + \alpha_1\left[u'(q_t^1)\frac{\partial q_t^1}{\partial m_{1t}} - \varphi_{1t}\right] + \alpha_b\left[u'(q_t^b)\frac{\partial q_t^b}{\partial m_{1t}} - \varphi_{1t}\right]$$

$$V_2(m_{1t},m_{2t}) = \varphi_{2t} + \alpha_2\left[u'(q_t^2)\frac{\partial q_t^2}{\partial m_{2t}} - \varphi_{2t}\right] + \alpha_b\left[u'(q_t^b)\frac{\partial q_t^b}{\partial m_{2t}} - \varphi_{2t}\right]$$

由 $v(q_t^b) = \varphi_{1t}m_{1t} + \varphi_{2t}m_{2t}$，$v(q_t^1) = \varphi_{1t}m_{1t}$，$v(q_t^2) = \varphi_{2t}m_{2t}$，可知：

$$\frac{\partial q_t^b}{\partial m_{1t}} = \frac{\varphi_{1t}}{v'(q_t^b)},\quad \frac{\partial q_t^b}{\partial m_{2t}} = \frac{\varphi_{2t}}{v'(q_t^b)},\quad \frac{\partial q_t^1}{\partial m_{1t}} = \frac{\varphi_{1t}}{v'(q_t^1)},\quad \frac{\partial q_t^2}{\partial m_{2t}} = \frac{\varphi_{2t}}{v'(q_t^2)}$$

故而：

$$V_1(m_{1t},m_{2t}) = \varphi_{1t}\left\{1 + \alpha_1\left[\frac{u'(q_t^1)}{v'(q_t^1)} - 1\right] + \alpha_b\left[\frac{u'(q_t^b)}{v'(q_t^b)} - 1\right]\right\}$$

$$V_2(m_{1t},m_{2t}) = \varphi_{2t}\left\{1 + \alpha_2\left[\frac{u'(q_t^2)}{v'(q_t^2)} - 1\right] + \alpha_b\left[\frac{u'(q_t^b)}{v'(q_t^b)} - 1\right]\right\}$$

结合 CM 市场上的两个一阶条件 $\beta V_1(\widehat{m}_{1t},\widehat{m}_{2t}) = \varphi_{1t}$ 和 $\beta V_2(\widehat{m}_{1t},\widehat{m}_{2t}) = \varphi_2 t$，有：

$$\frac{\varphi_{1t-1}}{\beta\varphi_{1t}} = 1 + \alpha_1\left[\frac{u'(q_t^1)}{v'(q_t^1)} - 1\right] + \alpha_b\left[\frac{u'(q_t^b)}{v'(q_t^b)} - 1\right]$$

$$\frac{\varphi_{2t-1}}{\beta\varphi_{2t}} = 1 + \alpha_2\left[\frac{u'(q_t^2)}{v'(q_t^2)} - 1\right] + \alpha_b\left[\frac{u'(q_t^b)}{v'(q_t^b)} - 1\right]$$

根据费雪恒等式定义名义利率 i_1, i_2，有新的欧拉方程：

$$i_1 = \alpha_1\left[\frac{u'(q_t^1)}{v'(q_t^1)} - 1\right] + \alpha_b\left[\frac{u'(q_t^b)}{v'(q_t^b)} - 1\right]$$

$$i_2 = \alpha_2\left[\frac{u'(q_t^2)}{v'(q_t^2)} - 1\right] + \alpha_b\left[\frac{u'(q_t^b)}{v'(q_t^b)} - 1\right]$$

在拓展模型中，没有相应的拉格朗日乘子，原因是在拓展模型中，第一种卖方和第二种卖方的存在使得家户为了最大化自己的效用，必须两种货币都持有，这样就不存在 $\hat{m}_{1t+1} \geqslant 0$。$\hat{m}_{2t+1} \geqslant 0$ 是紧约束的情况，自然不需要拉格朗日乘子。由于不存在角点解，新模型不需要假定 $\mu_1 = \mu_2 = \mu, i_1 = i_2 = i$ 就可以讨论汇率。不失一般性，假设 $\mu_1 > \mu_2$，也就是 $i_1 > i_2$。货币 1 的通货膨胀率或货币持有成本较高。此外假定 $\alpha_1 < \alpha_2$，自然有下列式子：

$$\frac{u'(q_t^1)}{v'(q_t^1)} - 1 > \frac{u'(q_t^2)}{v'(q_t^2)} - 1$$

因为$\frac{u'(q_t)}{v'(q_t)} - 1$ 是 q_t 的单调减函数，所以 $q_t^1 < q_t^2$，也就是 $\varphi_{1t}m_{1t} < \varphi_{2t}m_{2t}$。家户持有的货币 1 比货币 2 的真实量小。这也不难理解，因为货币 2 的持有成本低（$i_1 > i_2$）且流动性较强（$\alpha_1 < \alpha_2$）。这就是一旦一种货币成为世界通用货币后，只要其通货膨胀率维持比较低的水平，就能维持自己的世界货币地位。世界货币自形成以后只经过了一次更换，也就是第二次世界大战结束后由英镑转为美元。经济学的根本原因是第二次世界大战给英镑带来了巨大的通货膨胀，且美国通过马歇尔计划迅速扩大了美元的使用范围。美元的国际化历史会给我国未来的人民币国际化带来启示。

课后作业》

在上述拓展模型中，三个重要的参数 $\alpha_1, \alpha_2, \alpha_b$ 都是外生的，有没有什么机制能把它们内生化？

参考文献》

Kareken, J., and Wallace, N., "On the Indeterminacy of Equilibrium Exchange Rates", *Quarterly Journal of Economics*, 1981, 96(2), 207-222.

第十四讲
货币和信用新解

在本书前面介绍的模型中，支付手段只有货币一种。但在现实中，人们可以采用多种支付手段，比如货币和信用。货币和信用的关系也可能是宏观经济学文献中最大的一支。这一讲就用新货币主义者的观点，重新解释货币和信用的关系。我们采用的具体模型来自 Gu et al.（2016）。

14.1 模型设定

模型设定如下：

（1）这是一个无限期的离散时间模型。折现率为 β。家户的测度为 1。每一期分别有 DM 和 CM 两个分期。分期之间无折现。这里 DM 在先，CM 在后。DM 上家户消费和生产商品 q，如果消费的话有效用 $u(q)$，如果生产的话有负效用（或理解为成本）$c(q)$。CM 上消费和生产商品 x，消费 x 的效用为 $u(x)$（这里 $u(q)$ 和 $u(x)$ 可以是不同的函数形式），x 可以由劳动 l 一对一线性转化。一个代表性家户的偏好为 $u(q)-c(q)+u(x)-l$，其中劳动 l 带来的负效用是线性的。这些设定和 Lagos-Wright 模型是一致的。

（2）在 DM 上，α 是遇到另一个家户的概率，σ 是单次巧合的概率。为模型简便而忽略双重巧合。

(3) 下面着重讲述支付的安排。消费者的支付手段有两种:第一种是信用,在基础模型中假设信用没有成本,但有一个外生的上限 D;第二种是货币,央行决定市场的名义货币供给。货币增长速度为常数 μ。货币的注入方式是在 CM 上通过总额注入(或抽出)的方式给每个家户。

这样模型设定就讲完了,下面来看家户在 CM 和 DM 上的价值函数。

14.2 价值函数

对于 CM 上的家户来说,他们进行这样的最优化:

$$W(m_t, d_t) = \max_{x_t, l_t, \hat{m}_{t+1}} \{u(x_t) - l_t + \beta V(\hat{m}_{t+1})\}$$

s.t. $$x_t + \varphi_t \hat{m}_{t+1} = \varphi_t m_t + l_t + T_t - d_t$$

其中, W 是 CM 的价值函数, V 是 DM 的价值函数。m_t 是家户进入 CM 时的货币持有, d_t 是家户进入 CM 时的负债。这两个变量是状态变量。由于家户的偏好是拟线性的,故而会清偿所有债务。家户在 CM 上做优化时的控制变量有 $x_t, l_t, \hat{m}_{t+1}$ 三个,分别是 CM 上商品 x 的消费量,劳动数量,以及为下一期 DM 准备的货币数量。T_t 是 CM 中的真实货币转移支付(或税收)。φ_t 是货币以 x 标定的价格。φ_t 乘以相应的名义货币量即为真实货币量。

有了 CM 的价值函数,可以求解这个最优化问题,其中一阶条件为:

$$x_t: u'(x_t) = 1$$

$$\hat{m}_{t+1}: \beta V'(\hat{m}_{t+1}) = \varphi_t$$

从一阶条件来看,两个参数 $x_t, \hat{m}_{t+1}$ 和历史 m_t 和 d_t 是无关的。

包络条件为:

$$W_1(m_t, d_t) = \varphi_t$$

$$W_2(m_t, d_t) = -1$$

从包络条件可以得出, W 是 m_t 和 d_t 的线性方程,也就是 $W(m_t) = \varphi_t m_t - d_t + C$,其中 C 是常数项。

接下来要搞清楚 $V(m_t)$ 的函数形式,也就是家户携带货币到 DM 上有什么用处。这里家户有两种支付手段:信用和货币。我们要研究信用和货币的相互关系,信用和货币同时存在是必要条件,因此假设只用信用支付是不够的。如果没有成本的信用额度够高，信用自身就足以支持所有流动性需求，那么货币就会在经济中消失。因此，我们只能假设信用额度是不够高的，后文将给出满足这个假设的条件。

此外假设家户在市场上遇到的交易对象的货币持有为 $\tilde{m}_t$，而 $\tilde{m}_t$ 的累积分布函数为 $F_t(\tilde{m}_t)$，那么 $V(m_t)$ 的函数形式为：

$$V(m_t) = W(m_t) + \alpha\sigma\int\{u[q(m_t,\tilde{m}_t)] + W(m_t - d_t(m_t,\tilde{m}_t))$$

$$- W(m_t) - D\}\mathrm{d}F_t(\tilde{m}_t) + \alpha\sigma\int\{-c[q(\tilde{m}_t,m_t)]$$

$$+ W(m_t + d_t(\tilde{m}_t,m_t)) - W(m_t) + D\}\mathrm{d}F_t(\tilde{m}_t)$$

其中，第一行是家户没有任何交易的价值，也就是把钱带到下一个 CM 花掉，第二行是家户作为买方所得到的价值，第三行是家户作为卖方所得到的价值。这里 D 为外生的信用额度。消费者会首先用掉自己无成本的信用额度，接着会用货币支付。两个参数 $q(m_t,\tilde{m}_t)$ 和 $d_t(m_t,\tilde{m}_t)$ 分别是消费者消费的商品量 q 和支付的货币量 d_t。括号里面第一个货币量是买方货币量，第二个是卖方货币量，这和 Lagos-Wright 模型中的相同。

由于 W 是 m_t 的线性方程，上述 $V(m_t)$ 简写为：

$$V(m_t) = W(m_t) + \alpha\sigma\int\{u[q(m_t,\tilde{m}_t)] - \varphi_t d_t(m_t,\tilde{m}_t) - D\}\mathrm{d}F_t(\tilde{m}_t)$$

$$+ \alpha\sigma\int\{-c[q(\tilde{m}_t,m_t)] + \varphi_t d_t(\tilde{m}_t,m_t) + D\}\mathrm{d}F_t(\tilde{m}_t)$$

定义 $q(m_t,\tilde{m}_t) = q_t$，$d_t(m_t,\tilde{m}_t) = d_t$。假设 DM 上的支付函数为 $v(q)$，且 $v(q)$ 是有效率的，那么有以下关系：

$$q_t = \begin{cases} q^0 & \text{if} \quad \varphi_t d_t \geqslant v(q^0) \\ v^{-1}(\varphi_t d_t) & \text{if} \quad \varphi_t d_t < v(q^0) \end{cases}$$

其中，q^0 的定义是在名义利率为 0 时的 DM 消费，已在 Lagos-Wright 模型中做过详细阐述。

一般情况下，我们知道 $\varphi_t d_t < v(q^0)$ 成立。消费者支付的钱不够买到 0 名义利率的消费量 q^0，这时消费者会把所有的钱花出去。这样就有 $d_t = m_t$，且 $v(q_t) = \varphi_t m_t + D$。

那么 $V(m_t)$ 简写为：

$$V(m_t) = W(m_t) + \alpha\sigma\{u[q(m_t)] - \varphi_t d_t(m_t) - D\}$$

$$+\alpha\sigma\int\{-c[q(\tilde{m}_t)]+\varphi_t d_t(\tilde{m}_t)+D\}\mathrm{d}F_t(\tilde{m}_t)$$

14.3 欧拉方程和稳态讨论

有了 DM 和 CM 的价值函数，就能进一步解出欧拉方程，从而讨论经济稳态。对 V 求导，得到以下等式：

$$V'(m_t)=\varphi_t+\alpha\sigma\left[u'(q_t)\frac{\partial q_t}{\partial m_t}-\varphi_t\right]$$

由 $v(q_t)=\varphi_t m_t+D$ 可知 $\frac{\partial q_t}{\partial m_t}=\frac{\varphi_t}{v'(q_t)}$，故而：

$$V'(m_t)=\varphi_t+\alpha\sigma\left[u'(q_t)\frac{\varphi_t}{v'(q_t)}-\varphi_t\right]$$

结合 $\hat{m}_{t+1}$ 的一阶条件，有：

$$\beta\varphi_t\left\{1+\alpha\sigma\left[\frac{u'(q_t)}{v'(q_t)}-1\right]\right\}=\varphi_{t-1}$$

对上述等式稍作变形，有：

$$\frac{\varphi_{t-1}}{\beta\varphi_t}=1+\alpha\sigma\left[\frac{u'(q_t)}{v'(q_t)}-1\right]$$

根据费雪方程式，定义 $1+i=(1+r)(1+\mu)$。这里的 i 就是名义利率，它和货币增长速度（通货膨胀率）μ 是一一对应的，那么有：

$$i=\alpha\sigma\left[\frac{u'(q_t)}{v'(q_t)}-1\right]$$

可以看出，这个等式和 Lagos-Wright 模型中没有信用的欧拉方程是完全一样的。如果信用额度 D 不足以支付 $v(q)$，那么消费量仅仅由 i 决定。换句话说，如果信用额度不够，那么信用额度本身对均衡结果是没有影响的。这里要求 $D<v[q_t(i)]$。

这个结果听起来相当反直觉，但一想确实很有道理。我们在经济学原理中就知道，边界收益和边界成本决定消费数量。这里信用额度 D 不足，因此仅仅是货币决定边界成本，也即名义利率 i。

我们还可以用另外两个经济学原理解释这一现象。一个是公司金融理论中的 MM 定理，另一个是汇率决定原理中的 Kareken Wallace 不确定性。在公司金融中，如果股权融资受阻,债权融资仍能达到同样的均衡效果。在两种货币共存的经济体中,如果货币1不够了,还能用货币2支付,从而达到相同的均衡。在这里,信用额度不够了就用第二种支付手段——货币,因此信用额度本身对均衡结果是没有影响的。

14.4 福利分析

由于欧拉方程和Lagos-Wright模型完全相同,福利分析的结果也一样,不论是Kalai议价还是Rubinstein议价,弗里德曼法则都是福利最大的充分必要条件。如果是Nash议价,为得到最大福利还要求买方拥有全部的议价能力。

课后作业》

现在假设使用信用会有固定成本 c,重新推导本讲的欧拉方程,验证新模型与Lagos-Wright的模型是否有同样的均衡。

参考文献》

1. Gu, C., Mattesini, F., and Wright, R., "Money and Credit Redux", *Econometrica*, 2016, 84(1), 1-32.

2. Kareken, J., and Wallace, N., "On the Indeterminacy of Equilibrium Exchange Rates", *Quarterly Journal of Economics*, 1981, 96(2), 207-222.

3. Lagos, R., and Wright, R., "A Unified Framework for Monetary Theory and Policy Analysis", *Journal of Political Economy*, 2005, 113(3), 463-484.

后　记

这本十四讲的小册子终于完成了。敲完最后一个字时，我心中不由涌起一股成就感。这本书的出版，我首先要感谢 2015 年起我开始在北京大学讲授货币经济学课程的历届学生。此书的基础来自教授他们的教案。北京大学的学生是我在国内外所有大学见过的最优秀，也是最勤奋的学生，能和这样一群可爱的学生教学相长，实在是三生有幸。在教授的过程中，同学们希望有一本中文教材，这给了我写书的原动力。

接下来我要感谢北京大学教务部，感谢他们为本书提供的立项资助。我还要特别感谢北大出版社的兰慧编辑。这本书的专业性非常强，感谢她不辞辛劳，对本书进行仔细的阅读和校正。没有她的支持和帮助，本书不可能出版得这么顺利。

最后，郑重感谢我的妻子、我的父母和我即将出生的宝宝。没有他们的热情鼓励和后勤支持，这本书的出版是不可能的。再次感谢所有人！

北京大学经济学院助理教授　韩晗

2019 年 7 月于北大燕园